民国青年教育丛书

过渡时代之思想与教育

蒋梦麟 著

知识产权出版社
全国百佳图书出版单位

图书在版编目（CIP）数据

过渡时代之思想与教育/蒋梦麟著. —北京：知识产权出版社，2018.1
ISBN 978 -7 -5130 -5274 -0

Ⅰ. ①过… Ⅱ. ①蒋… Ⅲ. ①教育理论—文集 Ⅳ. ①G40 -53

中国版本图书馆 CIP 数据核字（2017）第 280994 号

责任编辑： 文　茜　　**责任校对：** 谷　洋
封面设计： 张　冀　　**责任出版：** 刘译文

过渡时代之思想与教育

蒋梦麟　著

出版发行：	知识产权出版社有限责任公司	**网　　址：**	http：//www.ipph.cn
社　　址：	北京市海淀区气象路 50 号院	**邮　　编：**	100081
责编电话：	010 -82000860 转 8342	**责编邮箱：**	wenqian@cnipr.com
发行电话：	010 -82000860 转 8101/8102	**发行传真：**	010 -82000893/82005070/82000270
印　　刷：	三河市国英印务有限公司	**经　　销：**	各大网上书店、新华书店及相关专业书店
开　　本：	720mm ×960mm　1/16	**印　　张：**	18.25
版　　次：	2018 年 1 月第 1 版	**印　　次：**	2018 年 1 月第 1 次印刷
字　　数：	216 千字	**定　　价：**	68.00 元

ISBN 978-7-5130-5274-0

再版前言

民国时期是我国近现代历史上非常独特的一段历史时期，这段时期的一个重要特点是：一方面，旧的各种事物在逐渐崩塌，而新的各种事物正在悄然生长；另一方面，旧的各种事物还有其顽固的生命力，而新的各种事物在不断适应中国的土壤中艰难生长。简单地说，新旧杂陈，中西冲撞，名家云集，新秀辈出，这是当时的中国社会在思想、文化和学术等各方面的一个最为显著的特点。在这样的时代和社会背景下，对新式青年的培育成为当时思想界、文化界和教育界进步人士着重关注的一个焦点问题。引导青年人从中国传统的封建文化的弊病中解放出来，科学地审视和继承传统文化中的有益的成分，同时科学地借鉴和接受新鲜、进步的西方社会思想成为当时重要且普遍的社会现象和社会思潮。

本社此次选择了一些民国时期曾经出版过的、有关青年教育的图书，整理成为一套《民国青年教育丛书》出版，以飨读者。这套丛书涉及青年人的读书、工作和生活，部分图书侧重于理论上的引导，另有部分图书则侧重于以生活实例来宣扬符合时代和历史进步发展方向的人生观、价值观，引导青年人走上积极向上、努力进取的人生道路。这套丛书选择的图书大多以平实的语言蕴含丰富而深刻的人生哲理，读来令人回味无穷，既可供大众读者消闲阅读，也可供有专门兴趣的读者拓展阅读。这套丛书不仅对民国时期的青年读者具有积极的教育意义，其中的许多观点和道理，即使在当今社会也没有过时，仍具有重要的参考价值，因此也非常适合今天的大众读者阅读和参考。

本社此次对这套丛书的整理再版，基本保持了原书的民国风貌，只是将原来繁体竖排转化为简体横排的形式，对原书中存在的语言文字或知识性错误，以“编者注”的形式加以校订，以便于今天的读者阅读。希望各位读者在阅读本丛书之后，一方面能够对民国时期的思想文化有一个更加深刻的了解，另一方面也能够为自己的书橱增添一种用于了解各个学科知识的不可或缺的日常读物。

目录

引　言　/ 001

第一编　过渡时代之思想与教育　/ 005

过渡时代之思想与教育　/ 007

第二编　思想的变动与人生意义的追求　/ 019

改变人生的态度　/ 021

新旧与调和　/ 025

何谓新思想　/ 029

个性主义与个人主义　/ 035

新文化的怒潮　/ 038

学潮后青年心理的态度及利导方法　/ 041

这是菌的生长呢，还是笋的生长？　/ 046

北大学生林德扬的自杀　/ 052

智识阶级的责任问题　/ 055

第三编　教育方向的转变　/ 061

高等学术为教育学之基础　/ 063

个人之价值与教育之关系　/ 067

进化社会的人格教育 / 070
和平与教育 / 072
什么是教育的出产品 / 082
教育思想的根本改革 / 089
学生自治 / 094
我们对于学生的希望 / 098
社会运动与教育 / 106
学风与提高学术 / 112
教育与职业 / 115
第四编 人生哲学与道德教育 / 119
杜威之人生哲学 / 121
杜威之道德教育 / 129
托尔斯泰的人生观 / 137
第五编 儿童心理与历史教授法 / 143
儿童心理 / 145
历史教授革新之研究 / 161
第六编 欧战以后的教育问题 / 171
欧战后世界之思想与教育 / 173
今后世界教育之趋势 / 177
世界大战后吾国教育之注重点 / 181

欧战后英国之教育 / 188
英国教育之大宪章 / 227
美国国币补助职业教育之历史 / 230
第七编　对北大学生说的几句话 / 233
初到北京大学时在学生欢迎会中之演说 / 235
北京大学的近状致张东荪的信 / 238
北京大学开学演说词 / 240
北京大学全体大会演说辞 / 242
北京大学开学词 / 244
奥斯朋先生在北大讲演致词及结词 / 246
北京大学二十三周年纪念日演说辞 / 247
北京大学第二十五年成立纪念日的感言 / 250
北京大学第二十五年成立纪念日演说词 / 252
为北大念五周年纪念事致学生干事会书 / 253

临别赠言 / 255
北大化学会成立大会演说辞 / 256
哲学系一九二八级友会演说词 / 257
甲部预科二年级恳亲大会演说词 / 258
临别赠言 / 259

第八编 杂 录 / 261

教育评论 / 263
北京大学新组织 / 275
说明北京高师事件经过之事实致陈宝泉先生书 / 278
北大之精神 / 283

引 言

这几篇文章，是著者于民国七年至十一年间作的。民八[1]以前的，都用文言；民八以后，都用白话。我国作品普遍用白话文，是民八以后开始的。这是从文言到白话文体的很短促的一个过渡时代。

吾国思想的转变，起于戊戌变政，于辛亥革命前后则加甚。民五欧战爆发，世界震惊，思想政制于以动摇，国人受其刺激，民八以后遂爆发而不可遏。发动于学校，波及于各界，全国空气，顿形紧张。著者这几篇文章，于民八前后五年间作的，正当吾国思想剧变之际。又所发表的言论，多关于思想和教育方面的。复读此五年间的言论，先后尚能一贯。分类别序，汇集而成八编。自信尚足以代表这五年间过渡时代的思想与教育的一部分言论。因以首篇之《过渡时代之思想与教育》名全书。读者以此书作此五年间吾国思想与教育转变和个人努力的小小的一个陈迹看可；以此书为背景，作讨论目前之思想与教育问题之参考，亦无不可。总之，书中所讨论的问题，无

---

[1] 即民国八年简称。——编者注

论个人见解的是非深浅，大都是目前仍然存在，迫切要求研究和解决的。

著者于民国八年，投入了北京大学里的学校行政的旋涡，起初尚兼教学而略从事作文。其后因受政治不良的影响、革命心理的冲动、频年学潮汹涌，又因学款积欠过巨，叠起教潮；行政事务逐渐加多，学问功夫逐渐减少。至民十一以后，简直成了单纯的学校行政者。积重难返，索性把笔搁起了。

民十五因政变离校，蛰居东交民巷三个月。离平后，蛰居沪滨又半年。民十六起，任浙江省教育行政一年有半。民十七起任中央教育行政两年，十九年去职而复来北京大学。故自民十一以来而至今日，或膺簿牍之烦，或受扰攘之苦，而与学问生活渐离渐远，为时已十年了。

回溯民七至民十一之间，从文字上而使吾国思想界生转变者，有《新青年》，其文学革命、思想革命之鼓动，影响青年最大。其后北京之《每周评论》、上海之《星期评论》和其他的刊物，亦不无相当之势力。其他如胡适之《中国哲学史大纲》，实开以科学方法研究国学之先例。以机关而论，则不得不想到当年北京大学之提创文化运动。以群众运动而论，民八之五四运动，实发其轫。这几种事件所生的结果为：（1）以白话文为传播思想之工具；（2）以科学方法为整理国故之工具；（3）把中国固有文化重新估量价值；（4）个性的发展和改变人生的态度；（5）群众的爱国运动；（6）表同情于农工。明白了这几点，知著者之言论主张，自有其背景。

此种运动之初期，其根本的精神为求个人的释放和思想的自由。其余种种运动，均以此精神为出发点。其后苏俄之无产阶级专政成为事实；而国中青年正当思想解放之初期，解放既不彻底，又缺乏思想的根本训练，日趋浮动而不切实际，故致终夜彷徨，无所适从；而苏俄思想适应时而填其缺。又苏俄所标榜之以平等待我主义，与其他各国对我之侵略史相比较，正可引彼为我之好友。因此两种心理，而苏俄思想与政治，一时遂支配了我国青年。

北方政治，既完全绝望，而中山先生适于此时期，在上海度其学者生活，闭户而著建国方略，复在广东高等师范讲演三民主义。国民党之政治主张，亦于此期间渐成系统化。同时国民党革命事业，因处种种逆境而渐呈衰象。中山先生因欲吸收革命新分子，遂倡国共合作之议，不断的与苏俄信使相往还。合作刚告成功，不幸中山先生于十四年逝世于北平。举丧之日，北平青年倾城往送，不下十万人。伟大人格之感动青年，可谓深且远了。

国民党之政治革命，在求中国民族之自由平等；青年之思想革命，在求个性的发展和思想的自由；两种革命势力，合成了一个潮流，澎湃震荡，造成了十七年国民革命军的胜利。著者在本文里要说的话，就于此完了。惟近年以来，发展个性，渐趋于浮薄的自利主义；爱国运动，渐趋于肤浅的标语运动。国中青年，复因外受世界经济剧变之压迫，内受农村破产国民经济基本动摇之威胁，彷徨歧途，不知从那条路走才好！这不在本文范围以内，暂且不谈了。

最后，还要说句话谢谢章君廷谦，这文稿经他费了不少的功夫搜集拢来的。

中华民国二十一年十二月，北平

第一编

过渡时代之思想与教育

过渡时代之思想与教育

思想一生物也，进行无时或息。世界文明，缘此不绝之轨线，逐渐进步，非可躐等而至也。吾辈读史，有时见万事停滞，人类之进步，似永无希望；有时见万象顿新，人类完满之幸福，似可一日而几。以欧史而论，中古时代，绵绵长夜，亘逾千年，黑暗世界，生机几乎尽歼；此千载中，思想界领袖，咸困于咀嚼文字之蛛网，而绝无发明新理之能力。迨文运复兴时代（The Renaissance），曙光乍放，思想维新，其势力渐推渐广；历改革时代（The Reformation），而达十八世纪，酝酿既久，遂成法兰西之大革命。旧时一切之政治学术思想，几一扫而空，史家称之曰“光明时代”（The Enlightenment）。当时人民，以为一切革新，不日成功，洎乎十九世纪，始由革命观念而入历史观念。至今日则为科学精神之时代（The Age of Scientific Spirit），一切政治、学术思想，无不贯之以科学，故二十世纪为科学时代。读史者往往以中古世为一鸿沟，后此为旧，前此为新，后此为古，前此为今，实则非也。古今之过渡，其由来渐，非骤跻也。中古世非绝无生气，不过其进行甚迂缓耳。以其迂缓，故人不易见。

人类之历史为接续的发展，绵绵延延，无时或绝，但有隐而难见、显而易见二者之别而已。过渡时代，人以全力思所以排除旧习，启发新猷，摈弃旧器，制造新械。初则旧习固而难破，既则旧基础动摇，而新者不足以继之。全国思潮，纷乱错杂，流连彷徨，民不知何所适从。此种彰明较著之征象，固显而易见者也。

今请以欧史中之过渡时代，约略言之；并察其教育思潮之如何，与中国现在之情形比较论之；于吾国教育之进行，不无裨益。吾国近二十年来，经过种种变更，欧化横来，文明之基础动摇。其变故之大，兼希腊、中古与十八世纪三大时代而共之。且今日之欧战，复推其波而助其澜。故国民思想之错杂，人心之惶惑，虽国中学界巨子，亦觉目眩神昏，不知向何方而进行。是以近年来国民扰攘不已，智者怀宝而善身，狠者持刀以行劫，士子窃言，腐儒盗德，政纲既改，武夫乘机。吾辈处此过渡时代，当操何术导此漂荡之舟而登彼岸乎？识往事而知来者，吾不得不借鉴于历史。

先言纪元五世纪前之希腊。当是时也，希腊社会中有数种之新势力澎湃而生。其最要者，为政治之基本改革。当纪元前六世纪时，旧时之贵族宪法，蜕变而为民权宪法；官职之为市民所选举者已不少；议会得放逐不法之官吏；市民之政权日增；故必须受一种相当之训练。然而旧教育则无此训练，以应新生活之要求。

希腊与波斯之战，借雅典之力，得奏凯旋，故雅典为希腊诸国之盟主。商务日盛，新思想因之而输入，使臣往还，旅行者亦纷至沓来，雅典遂成一新思想酿造之场。于是一种新哲学家起，倡“以个人眼光判断是非”之学说，雅典人之游历各国者亦日众。故其国民所抱之观念日广，各种新思想，均受欢迎。新思想来，则旧思想不免受其打击，而减杀其固有之势力，或被屏弃，或受影响而革新。雅典遂大变其往日之眉目，自一孤寂之小城，一跃而为世界之孔道，成新智识交换之场矣。

雅典受政治、社会、经济诸变迁后，希腊社会之基础为之动摇，人民之新生活因是而起。此可与中国现时情形作平行之比较。中国自采取共和政体以来，政治之基础大变。握政权之皇帝既去，代之以人民所选举之国会，因此骤生一班所谓新政客者。民国元、二两年之际，各都会法政学校之设立，如春园之笋，遍地皆是。盖一般青年，羡政治之荣誉，欲藉此为进身之阶也。

中国天产丰富，久为欧人所垂涎。数十年来中国之外交史，不外为西人争夺利权之舞台而已。外人辟户而来，欲开我宝藏；我以能力所及，则拒之；不及，则敷衍之；能力既不足，敷衍又不成，则让权利、土地以畀之，以求旦夕之安。吾国人初则以为西人之强在枪炮，故设兵厂，立海军，以冀抵御外侮。甲午之役，海军尽歼；于是知国弱之原，在于政纲不振。戊戌政变，为改革庶政也。庚子拳祸，肇自顽固之朝臣。中国受此大打击后，国几不立。于是爱国志士，奔走号呼。政治革命之潮流，遂奔腾而不可遏矣。

民国成立以来，叠经政变，以武力定是非而是非不明，政争更不可遏。近年以来，国民渐知社会不良，政治恐难有改良之日。社会事业之思想，渐渐起矣。

因通商外交而输入新思想，因新思想而激动政变，经济及社会亦随之而变，而家庭，而道德，而美术，而人民之生活，均受基本的打击而动摇，此之所以谓过渡时代欤。

以种种之变迁而论，中国近年之情形，与希腊纪元前五世纪甚相似也。希腊政治、经济、社会之变迁，前已言之矣。今请言其文学与道德之变迁。纪元前五世纪之前半，希腊之文学注重悲剧；演之于戏曲，则多涉道德、社会、宗教诸问题。此悲剧之基础，为义与利之冲突（即道德上之义务与个人之好尚相冲突）；以国家之义务为上，个人之好尚为不足轻重（与中国旧剧之以忠孝为本相似）。逮至此世纪后半，其戏剧以个人之好尚为重，诙谐之剧起矣。

诙谐戏剧以指摘家庭、社会种种怪状为问题。如因家庭之不睦而作嘲笑之语。或取男女之关系，或取政治之腐败，或取教育之荒谬，造作喜剧。以社会所有之实情为原料，或褒旧贬新，或反之。惟以有趣味为目的，旧时宗教的意味，乃大失其势力。

中国之变迁，与希腊多不谋而合。试观吾国之旧剧本，除小戏为士君子所不谈者外，何一非以忠孝节义为本？或以忠孝而褒之，或以不忠不孝而贬之，其用意同也，皆所以为移风化俗之具者也。个人之生命可牺牲，而忠孝节义之大道，不可移易；一般社会心理，信仰之如宗教。凡为殉忠孝节义而死者，哀其所受之痛苦，而敬其气节，崇拜其神灵。近来之新剧则不然，不以忠孝节义为本，而以指摘家庭、政府、学校、社会种种怪状为问题，与纪元前五世纪之希腊同也。

希腊纪元前五世纪时，非惟于戏剧为然，即道德与宗教，亦受同样之变迁。希腊道德之原，半出于神话，相传既久，以神权为道德之基础。此种多神宗教，对于国家、家庭，多所维持。个人以效忠于国家、家庭为神圣之义务，崇勤俭，斥奢侈，褒公德而贬个人权利之争。逮乎五世纪（纪元前）神话之势力顿薄，神权道德之信仰大减。旧时道德之基础，堕落无余；然而新道德（以思考为基础之道德）之势力，未能普及于国民，以为旧道德之替代。故绝端怀疑派与无思考力之守旧派，大起冲突。全国扰攘，莫知其极。由怀疑而重自由，自由过而至于淫逸放恣。讲新道德学者，将旧时道德之基础，尽行毁弃。于是昔时之礼让威仪、急公好义之品格，一变而为漂薄浮躁、急私忘公之性情。社会势力，大都以旧时道德观念为无可取，甚至以不道德之行为为足多者。盖其多合乎时尚之所谓思考也。

论以上所述之情形，则诡辨学说（Sophism）之出现，亦理之所必然。诡辨学说之主张曰："具有断定是非之能力者惟人而已。"换言之，即"人为事事物物之权衡也"（Man was the measure of all things）。时人视诡辨学家，为传布不道德之教训者。然以其学派而论，实无所谓不道德。盖彼派实无甚全体一致之主张。其所同抱之宗旨，不过曰，心无一定不变之观念，行为无一定不变之标准，"惟人也者，为事事物物之权衡耳"。盖此对个人而言也。希腊个性主义，萌芽已久，个人于道德上及教育上，渐占重要地位；至此而大放光明，为纯粹之个人主义矣。

中国自与西洋文明接触以来，旧道德之势力渐减（我国之旧道德，以家属为基础）。工商业日兴，交通日便，而家庭之势力日薄，个人主义遂渐渐露其面目。势将愈趋愈甚，非数辈旧道德家所得而抑制之，亦非数册旧道德书所得而防止之。新思想来，旧日之道德信仰，必为所打击而失其势力，亦理所必然。希腊如是，吾国亦如是。旧基础动摇，挽救之道无他，筑一新基础以代之而已。此希腊哲学家所藉以解决当时之问题者也。

当时希腊大哲学家，如苏格拉底者，即筑此新基础之一人也。希腊之教育亦然。当时一般教育思想，以个性为人生价值之基础。凡往日之教育宗旨，以政治、社会、家庭等所要求为人生之价值者，则尽为所摈弃。故当时所需要者，为一以个人为本位之人生观，并一己对于他人之道德关系（此为西洋人生哲学之基础，读者不可不注意之）。而应其需要，倡此学说之人，即苏格拉底也。

苏格拉底以诡辨派“人为事事物物之权衡”之学说为起点，更进一层而言曰：人既为事事物物之权衡，则人之第一责任为识其自己。于是以“识己”为一生之功夫，专心致志，持躬反省。苏氏遂开希腊思想界之生面。其言曰：在个人自觉之中，与夫人之德性之内，道德之标准存焉。此标准即人生之目的、教育之宗旨也。以社会遗传之习惯为道德之标准，希腊之旧道德也，在此过渡时代，已失其势力。以自觉之中，德性之内，而立道德之标准，希腊之新道德也，苏格拉底倡之，以解决希腊之道德问题。

吾国之旧道德，为遗传之习惯道德。今其势力日益衰微，人人知之。建筑新基，于苏格拉底之言，其亦足有采取者乎？吾国今日个人主义之趋势，吾辈固不得不承认之。而其问题，不在销灭个人，而在斟酌个人与个人之关系也。换言之，此问题为个人之发展及个人与社会之调和也。（按：吾国陆王派之道德，为个人主义之道德。陆象山曰：“天之所以与我者，至大至刚，我问你还要做一个人么？”此至大至刚者即为心，故心为判断是非之主。阳明曰："证诸吾心而是也，虽其言之出于愚夫愚妇者吾是之；证诸吾心而非也，虽其言之出于周公、孔子者，吾不敢以为是，况其言之非出于周公、孔子者乎！"阳明名此光明正大之心曰良知，为判断是非之主宰。）

欧洲自中古过渡至近世，为欧史中过渡时代之最广大者。以时而论，则自文运复兴时代至十七世纪之末，为时三百年。以地而论，则南自意大利，北至瑞典、那威与英伦，为西欧之全部。以人类之思想而论，则哲学、科学、文学、美术、宗教、神学、法学、政治，无一不受根本上之改革。欧西思潮，受完全之变迁，而脱离遗传习俗之羁绊。一言以蔽之，此数百年内，中古主义死，近世精神生。此近世精神惟何？曰：以思考为基础，为不拘泥的研究；以世界为乐土，用全力开辟天产，供人生之需要；求人心与物质中所蕴藏之天然律，以为制天之具。教育兴而中古之黑暗去；与亚洲通商而新知识、新商品来；美术兴而人民得灿烂华丽之娱乐；各种科学制造之发明起，新学之进步更速，中古主义之潜力亦因之而大减；寻获新地，放大人民之眼光。以此种种之新猷，近世与中古世遂判若鸿沟矣。

虽然，时代之过渡，必不能于俄顷之间，与旧习惯骤相隔绝。无论思想如何新奇，宗旨如何激烈，新精神如何活泼，终不能与往时之思想，完全断绝关系。自罗及陪根（Roger Bacon）至葛必楼（Kepler）、加利利亚（Galilio），更进而至纽顿（Newton），[1] 斯诸子者，虽自称排去旧习，代以新理，而其学说中仍含古时之凿空思想，新旧混杂。近人读其书，未有不怪彼新学者，何多为旧思想所环绕而不能脱也。

[1] 今译依次为"罗杰·培根""开普勒""伽俐略""牛顿"。——编者注

中国近二十年来之变动，多类似西欧。论其时，不过二十年；论其地，则南自滇粤，北至满蒙，无不受其影响；论其思想，则哲学、科学、文学、美术、宗教、法学、政治，无不受根本上之动摇；全国思潮，受完全之变迁，势将脱离遗传习俗之羁绊。余敢曰：此二十年内，旧主义奄奄待毙，近世精神已蒸蒸日上，非数辈顽固学者所得而摧折矣。此精神惟何？曰：欧西所有之思想，或已澎湃而不可息，或已成雏形而晨夕滋长矣。

十八世纪，欧西称为“光明时代”者也。其最彰明较著者，为“法国之大光明”（即法国大革命时 French Illumination）。其消极思想之趋势，固得而言之。其在政治也，曰推翻专制；其在文学也，昌言扫除人民之苦痛；其在宗教也，曰诛杀恶僧。苟无假善名行绝恶之徒杂其中，则法国革命党徒之行为，得代表法兰西之完美精神。此精神维何？曰：民赫斯怒，振臂一呼，推翻腐败之贵族，顽固之政府，龌龊之教堂，而造成光华灿烂之法兰西。

吾国于改革以前之十年中，“法国大光明”时代之思想，充塞青年之脑海。卢骚（Rousseau）[1]之《民约论》传入中国，“自由”“平等”“天赋人权”等名词，成为口头禅。无论知与不知，莫不喜言之，以为如尽将旧时种种机关扫除，则中国便成极乐土。此所以武汉起义，全国响应，不数月而产出中华民国也。

教育思想，必与其所处时代之思想相共进行。当法国革命时代，“顺天然”主义为时代之思想。以之言政治，则持民约论。以之言学术，则重科学。以之言人生观，则重“自由”，重“天赋人权”。以之言教育，则重自然教育。卢骚曰：“天

[1] “卢骚”，今译为“卢梭”。——编者注

生成的都好，人造的都不好。”故其教育主义，主张儿童自然之发达。中国当昌言“自由”“平等”“天赋人权”之时，学校之主持人，大都与此等精神居反对地位，故酿成罢学之风潮。后之政治革命，实于此已兆实行之端矣。

过渡时代，以消极思想为标帜。一般思想之趋势，大都属于破坏的。人民厌旧喜新，对于旧时道德，多抱怀疑。希腊之诡辨学者（Sophists）、十八世纪之思想家，可为消极学派之代表。吾国近年来之新思想家，亦多在此列也。

中国自有史以来，变迁之速，未有甚于今日者。以短促之时间，千奇万变之经验，相与并来。社会基础，因之动摇。时代不仁，横肆要求。大势所趋，无可为力。嗟夫！我国人，其将何术以使中国与世界之时势相调和乎？

欧化横来，思想错杂，学术衰微，民智昏蒙，尊孔复辟，欧化共和，吾民其知之否乎？此就政治言也。若就社会言，家族主义渐破，个人主义日益萌芽，习惯之道德渐衰，个人之道德尚无标准；怒潮汹涌，荡舟其中，回望故乡，已出视线，前望彼岸，杳无所见，中国之前途，其谁知之？其谁知之？

虽然，中国之前途固无人能言之，吾辈凿空悬想，推测将来，其谁能禁之？然后事之结果，或将与今日所悬揣者大相径庭。“础润而雨，月晕而风”，简单粗劣之比喻，不足为推测国家文明前途之具。现今科学世界，不容预言家置喙。预言家饱食终日，空谈将来。科学家则不然，终日勤劳，无时或息，广求精确之事实，以为研究之基础，以归纳之方法，使事实与真理相证明，为之虽不易，舍之实无他道。

中国旧时各社会机关，如家庭、国家、职业等，衰落破坏，为势之所必然者；若欲恢复旧日状况，势必不能。旧日已逝，不能复返，欲登正道，惟有积极前进而已。社会种种征象，由来已久，非一日所可扫除；吾辈惟积极进行，以能力所及者为之。证诸史乘，过渡时代之告终，必赖有积极思想。希腊过渡之代表，为诡辩学派，消极者也。苏格拉底，代表积极思想者也。苏氏学派出，希腊自过渡时代而达积极时代矣。欧西十八世纪，过渡时代也。如卢骚，如复泰（Voltaire，法国哲学家），代表消极思想者也。十九世纪之诸大学者，如康德（Kant，德国大哲学家），如孔推[1]（Comte，法国哲学家），如达尔文（Darwin，英国哲学家），斯宾塞（Spencer，英国哲学家），代表积极思想者也。由是言之，中国如有积极思想之大学者，而后始得自过渡时代而达积极时代。旧者已去，而欲挽之，愚也。不从积极建设着想，而徒事消极破坏，不过为过渡时代之产出物，为过渡时代之代表而已。

吾人之泥古，几若第二天性。故与其弥补破烂之旧物，孰若消极而攻击之？然而消极攻击，不若积极建设之为愈。积极建设之道将奈何？厥有五种：

（1）定标准。标准不定，前后参差，民无所适从。有积极之标准，然后能将新思想传布国中；否则千言万语，人不知其用意之所在。昔孟子曰仁义，朱子曰穷理，陆子曰明心见性，阳明子曰良知，皆为便于传道而立之标准，提纲挈领，便学者之易于适从也。

（2）定中心问题。一时之内，虽万事纷纭，实则必有一中心点在。此中心问题为万流归源之所。孔子曰："为政以德，譬如北辰，居其所而众星拱之。"是孔子以德为政之中心问题也。中心问题一定，则民得合群心而趋向之，犹众星之拱北

[1] "复泰"，今译"伏尔泰"；"孔推"，今译"孔德"。——编者注

辰也。

（3）新陈交换。凡破坏一旧思想，必求一新思想以代之。如我国旧有之家族道德既被摧折，必立个人道德以代之。

（4）适社会生活之需要。凡思想或道德之所以为社会所信仰者，必适应社会之需要。旧思想、旧道德之所以失其势力者，以不合时势也。若新思想、新道德于社会之需要无关，必不能生存也。

（5）方法。除旧启新之最要者为方法。良法美意，往往因方法不善而难于推行。孔子曰："工欲善其事，必先利其器。"孟子曰："离娄之明，公输子之巧，不以规矩，不能成方圆。"善哉言乎！

中国与世界交通后，必不能不应世界之潮流而图进化。故欲言内部思想之改革，当先察世界之大势。而欧美近世文化中荦荦大者，厥有二端：

（1）科学之精神。近世西洋学术，莫不具科学之精神。科学之精神云者，好求事实，使之证明真理是也。凡凿空臆度之学说而自以为真理者，与科学精神相反对者也。

（2）社会之自觉。西洋之文明，根乎希腊之个性主义。个性主义云者，发展个人固有之能力，不使为外界所压迫，养成一活泼、强健、灵敏之个人是也。西洋修身之基础在乎此。结合多数之个人而成社会，故社会之兴衰，个人之幸福系之。人人对于社会有自觉心，即社会之分子，自觉对于社会负责任是也。此即所谓社会之自觉心也。

如何得以养成上述两种之精神乎？厥有五端：

（1）科学发达，使人力得制天力；（2）进化（即天演）学说，使人知发展、生长有天然律存；（3）历史精神，使人知文明之进化为接续的，徒事去旧不足以启新也；（4）审问事理，使人尽其心力而求真理，不为无思考的信仰所羁绊；（5）民权主义之发达，使人知万事之本位为自然人，不以职位、财力而定人之价值。

中国如欲出此过渡时代，当于上列诸点加之意焉。中国之教育，当与近世之精神相谋而并进。泥古之教育，为过渡时代以前之教育，不可行矣。消极破坏之教育，而无积极之进行者，为过渡时代之教育，可暂而不可久。若为今日之教育图长久计，当取中国之国粹，调和世界近世之精神，定标准，立问题，通新陈交换之理，察社会要需，采适当之方法以推行之。

（七年二月，《教育杂志》，本文一部分意思采自 Amstrong's Transitional Eras in Thought）

第二编

思想的变动与人生意义的追求

改变人生的态度

我生在这个世界，对于我的生活，必有一个态度；我的能力，就从那面用。人类有自觉心后，就生这个态度。这个态度变迁，人类用力的方向，也就变迁。

希腊时代，那半岛的人民，抱美感生活的态度。“美是希腊做人的中心点。”（Dickinson：Greek View of Life，p. 187.）“无论宗教、伦理，和种种人生的活动，都不能和美感分离。”（Ibid.，p. 728.）“希腊的神，以世间最美丽的东西代表他。”（Maxims of Tyie）希腊人对于生活抱这美的态度，所以产生许多美术品和美的哲学，希腊文明就成了近世西洋文明的基础。罗马时代，人民对于生活，抱造成伟业的态度，所以建雄伟的国家、统一的法律、宏壮的建筑、广阔的道路。凡读史的人，那一个不仰慕罗马人的伟业呢？罗马帝国灭亡，中古世起，一千年中，欧洲在黑暗里边；那时候人民对于生活的态度，是在空中天国，这个世界是忘却了。所以这千年中，这世界无进步。

十五世纪初，文运复兴，这态度大变。中古世人的态度，是神学的，是他世界的；文运复兴时代人的态度，是这世界的，是承认活泼泼底个人的。丹麦哲学家霍夫丁氏（Höffding）著《近世哲学史》，对于文运复兴说道：

文运复兴是一个时代，在这时代内，中古世狭窄生活的观念，是打破了。新天新地生出来，新能力发展起来。凡新时代必含两时期：（1）从旧势力里面解放出来；（2）新生活发展起来。（Vol. I. p. 3.）

文运复兴的起始，是要求人类本性的权利，后来引到发展自然界的新观念和研究的新方法。（p. 9.）

这个人类生活的新态度，把做人的方向，基本上改变了，成一个新人生观；这新人生观，生出一个新宇宙观。有这新人生观，所以这许多美术、哲学、文学蓬蓬勃勃的开放出来；有这新宇宙观，所以自然科学就讲究起来。人类生活的态度，因为生了基本的变迁，所以酿成文运复兴时代。

西洋人民，自文运复兴时代改变生活以后，一向从那方面走——从发展人类的本性和自然科学的方面走——愈演愈大，酿成十六世纪的大改革、十八世纪的大光明、十九世纪的科学时代、二十世纪的平民主义。大改革是什么呢？宗教里边，闹出了一个发展人类的本性问题。大光明是什么呢？政治里边，闹出一个发展人类的本性问题。科学时代是什么呢？要战胜天然，使地上的天产为人类丰富生活的应用。

当人类以旧习惯、旧思想、旧生活为满足的时候，其态度不过保守旧有的文物制度。把一切感情都束缚住；这活泼泼的人，一旦从绳索里跳出来，好像一头牛跑到瓷器店里，把那高阁的盆碗都撞破了。所以人的感情一旦解放，就把那旧有的文物制度都打破。

文运复兴、大改革、大光明、科学时代，都是限于中等社会以上的。文运复兴不过限于几个文学家、美术家、哲学家的活动。大改革、大光明也不到中等社会以下的平民。科学的应用，也不过限于有财资的少数人。所以世界进化，要产出二十世纪的平民主义来。托尔斯泰说：

近世的医学新发明、医院、摩托车和种种科学上的发明，都是为富人应用的，平民那得享受这些权利；故我以为真科学不是这些物质科学。真科学是孔子、耶稣、佛的科学。（按：此指尊重人道而言。Tolstoi：What Is Be Done?）

从文运复兴人类生活抱新态度为起点，这六百年中，欧洲演出了多少事。请问我国于元、明、清三朝内，做些什么？朝代转移。生活的态度不变，跑来，跑去，终跑不出个小生活的范围。

我要问一句，活泼泼的人到那里去了？你有感情，为何不解放？你有思想，为何不解放？你所具人类本性的权利放弃了，为何不要求？

“五四”学生运动，就是这解放的起点，改变你做人的态度，造成中国的文运复兴；解放感情，解放思想，要求人类本性的权利。这样做去，我心目中见那活泼泼的青年，具丰富的红血轮、优美和快乐的感情、敏捷锋利的思想，勇往直前，把中国委靡不振的社会、糊糊涂涂的思想、畏畏缩缩的感情，都一一扫除，凡此等等。若非从基本上改变生活的态度做起，东补烂壁，西糊破窗，愈补愈烂，愈糊愈破，怎样得了！

读了上文后，于人生态度，改变的必要，大概明白了。我现在把这个意思收束起，简单的提两个问题：

人生的态度从那一个方向改变呢？

从小人生观到大人生观——从狭窄的生活到广阔的生活；从薄弱的生活到丰富的生活；从简单的生活到复杂的生活。

从家族的生活到社会的生活。

从单独的生活到团体的生活。

从模仿的生活到创造的生活。

从古训的生活到自由思想的生活。

从朴陋的生活到感美的生活。

人生的态度用什么方法来改变呢?

推翻旧习惯、旧思想。

研究西洋文学、哲学、科学、美术。

把自己认作活泼泼底一个人。

旧己譬如昨日死，新的譬如今日生。要文运复兴，先要把自己复生。

(［注］这篇文章中所用“人生”“生活”“人类生活”等名词都是指个“生”字，英语“Life”。)

（八年六月，《新教育》）

新旧与调和

什么叫做新思想？这个问题大家以为容易答的。但把这个问题提出来要人答，大家就知道是不容易答了。若把《说文》里的字义来讲，那一个讲新思想的，曾经想到《说文》的字义呢？若说从西洋输入的思想是新思想，那西洋的思想也有很多是旧的，若说西洋输入的新思想就是新，那古代希腊的美术、人生观，罗马的法意、建筑，在我国都可算是新的。所以新思想不能用时代来定，也不能以西洋输入的来做标准。

照我的意思看来，新思想是一个态度。这一个态度是向那进化一方面走的。抱这个态度的人，视吾国向来的生活是不满足的。向来的思想，是不能得知识上充分的愉快的。所以他们要时时改造思想，希望得满足的生活、充分愉快的知识活动。他们既视现在的生活为不满足、现在的知识活动为不能得充分的愉快，所以把固有的生活状况、固有知识就批评起来。这就惹起旧思想的反抗。旧思想的人说，你们天天讲什么新思想，迎合青年厌旧喜新的心理，把我国的国粹都抛弃了，把我国的道德都破坏了。于是凡有讲新思想的，就送他一个“过激派”

"共产主义派""无政府主义派"的一个徽号，这是他们消极的反抗新思想。从积极一方面做，他们就讲起来古文是这样好，向来的道德观观念是那样好。简单说一句，他们以现在的生活为满足的。即使不满足的，也是国粹伤失的缘故。以现在的知识活动为不能得充分愉快，是不尽必讲国学的缘故。但把国粹国学发挥起来，满足的生活就来了，充分的知识活动也就"乐在其中"。他们对于西洋思想未必是不欢迎，不过不要和他们向来的见解太离奇。所以他们听惯了一种新学说，起初以为离奇，极力反对的。后来也渐渐的受不知不觉的感化，倒也赞成了。两三年前他们所反对的"个性主义""自动主义"，到今日成了个个人的口头禅，就是一个证据。我曾记得三年前有人说，什么自动主义，不自动主义，学生自动，教员不动。照这样看来，所谓新旧调和是自然的趋势。抱新思想的人，渐渐把他的思想扩充起来了；抱旧思想的人，自然不知不觉的受他的影响，受他的感化。旧生活渐渐自然被新生活征服，旧思想渐渐被新思想感化。新陈代谢是进化的道理、自然的趋势，不是机械的调和。我想两个学派是有调和的价值的，如黄梨洲说陆王是先尊德性，后道问学；程朱是先道问学，后尊德性，两派不过是先后次序不同。这就是朱陆学派的调和说。这两个学派调和说，自然有哲学上的价值和位置。宗教家说，宗教是最要紧的。科学家说，科学是最要紧的。詹母斯说，只要于人生有实在的受用，宗教和科学都是要紧的。这是实验主义的主张于哲学上自然有价值的。现在我们中国的新派，并不是说凡我国所固有的都不好。他们说，我们固有的思想有碍进化，所以要改造。旧派并不是说新的都不好，他们是恶新派要推倒他们所据为安乐窝的固有观念。新派是要改造旧观念，组织一使生活丰富的新系统。旧派是怕他们组织新系统，因此打破自己的安乐窝。新派现在正在组织新系统的试验期内，怎么和旧派调和？若要他们停止试验，新生活从什么地方产生出来呢？若要求新生活，必要组织思想的新系统，必要改造有时或要打破旧观念，旧派肯不反对么？旧的本来不与新的争，实在新的活动太利害❶，打破了旧的安乐窝；若要免去争端，非新的停止活动不可。要新的停止活动，就是要中国停止进化。调和派如要中国进化呢，这调和的方法，就是推倒自己的目的；调和派如不要中国进化呢，他们就变了守旧派。所以他们如要中国进化，快快换他们的方法罢。照此看来，爱进化的人讲调和，是自己没主张，从这面看，觉得有些道理；从那面看，也觉得有些道理；听见两方面辩论起来，不敢开罪这面，也不敢开罪那面，自己又不肯痛下功夫，就说些那老大人对小孩子争论时候的话："你有道理，他也有道理；你有不是的地方，他也有不是的地方。照我看来，大家还是讲和，不要闹罢。"这一派的人，对于新思想，未必是反对的，不过是有些怕麻烦，怕多用脑力。求新思想是很费脑力的，改变人生观，是很要有魄力的。

还有一派调和家，是认差了题目。他们把新旧两派作两个学派看了，于是想来居调和的地位。不知道程朱道问学、陆王尊德性，是方法不同，目的是一个求真理。后来的人盲从程朱的，把道问学认作目的，忘却了求真理；盲从陆王的，把尊德性认作目的，也忘却了求真理。所以有黄梨洲出来，指破他们都走差了路，认差了目的。宗教家是求丰富的生活，科学家也求丰富的生活；宗教是一个方法，科学也是一个方法。后来的

❶ "利害"，当为"厉害"。——编者注

人把宗教认作目的，把科学也认作一个目的，却把生活忘记了。所以詹母斯出来，指破他们走差了路，认差了目的。现在中国新派的目的，在求丰富的生活、充分愉快的知识活动。他们的方法，并不是一个方法叫做“新”。他们正在创造方法的时候，正在试验时期，还没有认方法作目的。旧派的目的，在保守安乐窝，他们的目的与新派的目的是不同的。两个不同的目的，怎么可调和呢？我不是说调和派是没有用的，我说现在讲调和还太早。即使到了全国的学者，都求丰富的生活、充分愉快的知识活动的时候，各派有了一个系统的方法，还用不着调和的地方。要到大家忘却了真目的、认方法作目的的时候，方才用得到那黄梨洲、詹母斯来唤醒他们。新陈代谢的时候，讲不来调和的。

把以上的意思总括起来，“新”是一个态度。求丰富的生活、充分愉快的知识，是个态度，不是一个方法，也不是一个目的。“旧”是对于这新态度的反动，并不是方法，也不是目的。新旧既不是方法，又不是目的，所以不是两个学派。两个学派之中，能容调和派。新旧之间，用不着调和派。

（八年，“双十节”纪念号，上海《时事新报》）

何谓新思想

本志（《东方杂志》）第十六卷第十一号伧父君有《何谓新思想》一文。今梦麟君又有《答伧父先生》一文，登载《时事新报》。今转载于此，并附伧父君意见于后。

《时事新报》“双十节”纪念号，我做了一篇文章，题目为《新旧与调和》。我说：“新思想是一个态度。”伧父先生在他的文章里说：“态度非思想，思想非态度，谓思想是态度，犹指鹿是马耳。”（《东方杂志》第十六卷第十一号）这是伧父先生误会我的意思了。我说“新思想是一个态度”，是说新思想是指一个态度而言，并非说思想等于态度、态度等于思想。我说旧思想和新思想的不同，是在那个态度上。若那个态度是向那进化方面走的，抱那个态度的人的思想，是新思想；若那个态度是向旧有文化的安乐窝里走的，抱那个态度的人的思想，是旧思想。胡适之先生作《新思潮的意义》文一篇（《新青年》七卷一号），他也说：“新思潮的根本意义只是一种新态度。”我们两个人，不谋而合的都承认新思想（“思想”“思潮”两个名，是没甚分别，故可作同义）是指一个新态度。他叫这新态度为“批评的态度”，并对于批评的意义和方法，讲得十分详细。我于《新旧与调和》篇说：“他们（抱新思想的人）既视现在的生活为不满足、现在的知识活动为不能得充分愉快，所以把固有的生活状况，与固有的知识就批评起来。”胡先生把“批评”来解释“新”的意义，我把“进化”来解释“新”的意义，以批评为求进化的一个方法；两者措辞稍有不同，于实际上实无甚差别。伧父先生也承认现在他们讲新思想的是指一个新态度，不过他甚看不起这种新态度。他说：“此解答固承认其确当，盖今日之揭橥新思想者，大率主张推倒一切旧习惯，而附之以改造思想、生活之门面语；其对于新思想之解答不过如是也。”他并叫新态度是“时的态度”。伧父先生这番话，实在是太武断了。他们抱新态度的人，何尝一味主张推倒一切旧习惯？不过先把他来下一番批评，认为不对的，就把他痛痛快快的推翻了，没有说把一切都推翻。胡先生引尼采“重新估定一切价值”语，说：“‘重新估定一切价值’八个字，便是批评的态度的最好解释。”譬如从前的一把太师椅的价值是银四圆，八仙桌的价值是银十圆，现在要把他们的用处和式样与现在的新式椅桌比较起来，下一个批评，重定一个价值，没有把他们都当柴烧的意思。我并没有说思想即是“等于”态度的话。所以伧父先生送我的“张冠李戴”“卖狗插羊”“谓鹿是马”，种种徽号，我视作文虎章嘉禾章一样，概不敢当。

后来伧父先生把思想来解释，说：“思想者，最高尚之智识作用，即理性作用，包含断定、推理诸作用而言。外而种种事物，内而种种观念，依吾人之理性，附之以关系，是谓之思想。”这个解释，是本于宋儒性理说，视思想为不痛不痒的一种知识作用，但抽象的论事物之关系，把活泼泼的感情和意志，都划出思想范围以外。这样办法，就把活思想化作死焦炭，还有什么价值呢？伧父先生解释“新思想”，说：“新思想者，依吾人之理性，于事物或观念间，附以从前未有之关系，此关系成立以后，则对于从前所附之关系即旧思想而言，谓之新思想。”这是以事物或观念的新关系，解释新思想，其中确有一部分的真理存在。譬如旧时论夫妇父子的关系，说夫为妇纲，父为子纲，这是旧伦理。现在夫对于妇，为个人与个人平等的关系。子对于父，当视他是一个社会的分子，不是爸爸的附属品。这是新伦理，夫妇、父子仍存在，不过他们的关系变了；这就是伧父先生说的以关系定新旧。但我们更进一步，问这个“从前未有之关系”从何生出来的呢？第一步是因为夫对妇、妇对夫、父对子、子对父的态度变了。第二步因为态度变了，对于以前的纲常，就下起批评来。经过种种辨论和困难，然后生出夫妇、父子新关系来，这才到第三步。未到这第三步以前，必经过许多感情和意志的作用，因为感情和意志是活的，是造成新关系的原动力。徒有那抽象的理性，怎么能创造新关系出来呢。

官觉、感情、意志、理性四者，是在思想中各占一部分。官觉是脑和事物相通的路径，感情是脑对于事物的感应，意志是脑的所欲，理性是脑的推测和判断力。这四者合起来，方才成一完全的思想。从美术方面讲起来，譬如一幅好图画，我看见这图画，是我的官觉；我爱他，我的感情；我要学画，我的意志；我画的时候，定远近线，择颜料，定比度，这样对，那样不对，这是我的理性。从科学方面讲起来，譬如考察一种微菌，我用显微镜去照，这是用我的官觉；我欢喜研究微菌，这是我的感情；我经过种种困难，一定要考察这微菌，这是意志；我定了方法，分门别类，耐了心试验，到底寻出微菌的道理来，这是理性作用。霜戴克说：理性不是唯一的王，他是一位大哥哥。伧父先生但认定这位大哥哥，把几位小弟弟都忘了。我为一班小弟弟呼冤。

我说现在的“新思想”，是指一个向进化方面走的态度；因为要进化，就要遇着阻挡的东西，就要碰见不可解的老习惯，就要问问他们是什么意思，就要批评他们。

这态度非内也非外。伧父先生说：“态度呈露于外，思想活动于内”，并且没有什么玄妙的意思，这是很平常很普通一个名词。我说对于固有的生活为不满足，就是我的态度。他说他固有的生活是他的安乐窝，就是他的态度。

态度变了，用官觉的方向就变，感情也就变，意志也就变，理性的应用也就变。

所以求新思想的劈头一斧，就是改变我们对于生活的态度。

梦麟君此文，对于“新思想是一个态度”一语加以解释，谓“新思想是抱那个态度的人的思想，那个态度是向进化方面走的态度”。鄙人承认前此批评，是误会的。但“新思想是一个态度”的一语，究有语病，想梦麟君亦当承认也。至梦麟君谓“抱新态度的人，何尝一味主张推倒一切旧习惯”，但鄙人曾见《新教育》第一卷五期《改变人生的态度》中所说的三个方法，第一个就是推翻旧思想、旧习惯。鄙人谓“揭橥新思想者，大率主张推倒一切旧习惯”，实有所感触而发，并非武断。鄙人甚望梦麟君对于旧习惯加以批评，若批评之后，确是应该推翻，然后大家推翻他。不要不加批评，先说推翻。譬如犯了罪不经审判，即便处死，未免冤枉。现时学时髦的人，对于旧习惯，不论是非善恶，都主张推翻，说这个就是新思想。所以“张冠李戴”“卖狗插羊”等徽章，是鄙人赠送一般假冒新思想的人。又梦麟君谓鄙人“把感情和意志都划出思想范围以外”，诚然诚然。在心理作用中，因感情意志发生思想，或因思想发生感情意志，固有密切关系。然谓感情与意志为思想之因果，固属不误。若为思想二字下界说，则不能不将感情与意志，划出范围以外。此种界说，固非鄙人所创作，毋待详论。又梦麟君此文之意，以感情与意志为思想之原动力，先改变感情与意志，然后能发生新思想。是将人类之理性，为情欲的奴隶，先定了我喜欢什么，我要什么，然后想出道理来说明所以喜欢及要的缘故。此是西洋现代文明之根柢，亦即西洋现代文明之病根。我喜欢他人的土地，要用武力来侵略他，就用国家主义、民族主义、竞争主义来说明。我喜欢他人的产业，要用资本来侵略他，就用亲善、和平、协助种种道理来说明。其结果一切哲学、科学，都变成武人及资本家的工具。此种活思想，乃听人随其情欲而活用的思想，其价值何在！鄙人不能不更用宋儒的性理说来批评他，即所谓“人心之灵，莫不有知，天下之物，莫不有理，但为情欲所蔽，则有时而昏”。西洋现代文明的病根，即在于此。鄙人之意，以谓人当以理性率领情欲，不可以情欲率领理性。譬如我见一幅好图画，我爱他，我要学他，此是情欲的冲动。我当即用理性来判断此图画究竟好不好，当爱不当爱，当学不当学，然后决定我的态度。若理性并没有决定态度的权力，不过于态度已定之后，用理性来考察如何爱他、如何学他的方法。照此说来，鄙人亦无可批评。不过鄙人要请问诸位批评旧习惯的人，究竟是何意思？譬如有人见了盘古时代的图画，爱他，要学他，你们却批评盘古时代的图画，如何不好，不当爱，不当学。但他们的态度是已定的，理性的权力不能改变他的；你们批评他，要他们用理性来改变态度，是心理上所没有的。请问求新思想的劈头一斧，如何下法？伧父附志。

（九年一月，《东方杂志》）

个性主义与个人主义

何谓个性主义（Individuality）？曰：以个人固有之特性而发展之，是为近世教育学家所公认，教育根本方法之一也，无或持异议者矣。何谓个人主义（Individualism）？曰：使个人享自由平等之机会，而不为政府、社会、家庭所抑制是也。趋乎极端者，吾国之老庄学说、西洋之无政府党是也。极端反对之者，德国、日本之国家学说是也。中正和平之个人主义、英美之平民主义（Democracy）是也。

老子曰："弃仁绝义，民复孝慈。"又曰："剖斗折衡，而民不争。"庄子曰："奈何以仁义胶天下乎？"老庄所谓仁义者，社会所公认之道德标准是也。个人为道德标准所束缚，则梏其性。此庄子所以谓"鹜颈虽短，续之则忧"也。无政府主义者曰：政府万恶之原，社会万恶所归，皆所以戕贼个人之性者也；除而去之，则个人得以自由发达。是两派者，西国学者称之曰"极端的个人主义"（Radical Individualism）。现今之世界，不可行也。行之，则社会之秩序乱。

德国与日本之国家学说曰：国家为无上尊严之所寄，个人当牺牲一己以为国家谋强力。国家有存在，个人无存在，是极端反对个人主义者也。两端之中，有中正和平之个人主义在，是即上所谓英美之平民主义是也。

平民主义者曰：个人有个人之价值，不可戕贼之。国家与社会者，所以保障个人之平等自由者也。故个人对于国家、社会，有维持之责任；国家、社会对于个人，有保障之义务。个人之行为有违害国家、社会者，法律得以责罚之。

国家、社会有戕贼个人者，个人得以推翻而重组之。故平民主义者，个人与国家、社会互助之主义也。以平民主义为标准之个人主义，即作者之所谓个人主义也。

共和之国，其要素为平民主义。平民主义之要素，在尊重个人之价值。所谓自由平等者，非尊重个人之价值而何！

个人之价值，当以教育之方法而增进之，此即所谓发展个性是也。发展个性之基本学说，即孟子之性善说。夫性既善，则教育所当事者，发展此善性而已。故孟子曰："恻隐之心，仁之端也；羞恶之心，义之端也；辞让之心，礼之端也；是非之心，智之端也。"又曰："凡有四端于我者，知皆扩而充之矣，若火之使然，泉之始达。苟或充之，足以保四海；苟不充之，不足以事父母。"此孟子发展个性之说也。近世心理之学大昌，各个人有其特性，已成科学上之事实。孔子因人施教，证诸心理，实为正当之教育法。西洋教育大家，如卢骚，如福禄培，如裴斯泰洛齐，又近今如蒙得梭利，如杜威，莫不以发展个性为教育之原则。盖善性非此不展，个人之价值，非此不能增进也。

对社会、国家而言，曰个人主义。平民主义所主张之自由平等，即保障个人之说也。

对文化教育而言，曰个性主义。发展个性，养成特才，则文化得以发达。不然，人类中无特出之材，则其文化必在水平线下。

大战告终，武力摧折，平民主义已占胜势。欲解决中国社会之基本问题，非尊重个人之价值不为功。

吾国文化，较诸先进之国，相形见绌。吾人其欲追而及之乎，则必养成适当之特才。欲养成适当之特才，非发展个性不为功。

（八年二月，《教育杂志》）

新文化的怒潮

凡天下有大力的运动，都是一种潮，这种潮澎湃[1]起来，方才能使一般社会觉悟。若东抽些井水，西挑几桶湖水，浇将起来，这些水就被干燥的泥土吸去，我们虽终日为挑水劳苦，究竟没有什么结果！

大凡惊天动地的事业，都是如潮的滚来。西洋文化的转机，就是那文运复兴。文运复兴的潮，发源于意大利，后来卷到全欧，使欧洲人民生活的态度都改变。

十八世纪法国的大革命，把一切旧文物制度都打破，这就是一种革命潮。二十世纪的科学发达，把一切制度思想都变成科学的，这就是科学潮。一个大潮涌起来，必有几个原因在里边，断不是凭空起来的。譬如钱塘江八月中秋的大潮汛，来的时候，浪头一奔到非常的高，断非偶然的事；秋水的积聚，月光的吸引，江口的阻力，是钱塘大潮的三个大原因。讲到西洋文运复兴时代的潮，也是有几个原因：君士坦丁被土耳其人夺去，一班希腊的学者都逃到意大利来，聚在罗马天天讲学；希腊的哲学、美术、文学都运到罗马来，发生一种光彩；封建制

[1] “澎湃”，当为“澎湃”。以下径改，不一一出注。——编者注

度倾倒，个人获得自由；人民对于旧生活抱厌倦心，人人要求新生活。这几个原因合起来，就成了这文运复兴的大潮。

十八世纪法国的大革命潮，是什么东西酿成的呢？专制的淫威，卢骚的学说，就是两个大原因。二十世纪的科学潮，是十九世纪末叶几位大科学家如达尔文、斯宾塞的学说，和工业社会应用科学的要求所酿成的。

以上所讲的原因，未免太简单；但我的用意在讲明世界大潮流，是有原因的，并非要讲他的种种详细原因，所以但把重大的说出来，其余只好从略了。

总括说一句，凡一个大潮来，终逃不了两个大原因：一个是学术的影响，一个是时代的要求。换言之，一个是思想的变迁，一个是环境的变迁。

杜威先生说："社会学说是为什么生出来的呢？因为是社会有病。"因为社会有病，所以几个学者便要研究他是什么病，这就生出一种学说来了。所以环境变迁的时候，就会生出新学术来。用了这新学术，去改变环境，这环境更加改变了；环境更加改变，要求学术的人更多；于是愈演愈大，愈激愈烈，就酿成新文化的大潮。

讲我们现在的中国，这二十年中，环境的变迁，速度也大极了。这样看来，要求学术的趋势自然大得很。若环境变迁，没有新学术去供给他的要求，社会的病，就会一天重一天，必至无可救药！

我们都知道，中国社会的病重得很。因为社会病，所以我们要讲新学术来救他。讲到这事，我们就说着，这回"五四"学潮以后的中心问题了。这个新学术问题，就是新文化运动的问题，预备酿成将来新文化的大潮，扫荡全国，做出惊天动地的事业！

这个大潮，非一担一桶的水可做得到的；必须决百川之水，汇到一条江里，奔腾长流，到海口的时候，自然澎湃腾涌起来。这个势力，是没有人可以挡得住的。文运复兴、十八世纪大革命、二十世纪科学时代的势力，扫荡一世，都是因为成了一种大潮。

新文化运动的目的，是要酿成新文化的怒潮；要酿成新文化的怒潮，是要把中国腐败社会的污浊，洗得干干净净，成一个光明的世界！

我们因为有这个目的，所以不要青年在一担一桶水里费尽心力；我望青年决百川之水。这决百川之水的方法是什么呢？

（1）我愿青年自己认作富于感情、富于思想、富于体力，活泼泼底一个人。

（2）我愿青年用你们活泼泼的能力，来讲哲学、教育、文学、美术、科学种种的学术。

（3）我愿青年用你们宝贵的光阴，在课堂、图书馆、试验室、体育场、社会、家庭中作相当的活动。

（4）我愿青年抱高尚的理想，望那理想中拼命的做去。

（5）我愿青年多团体的活动、抱互助的精神，达到团体的觉悟。

青年青年，你们自己的能力，就是水；运用千百万青年的能力，就是决百川之水；集合千百万青年的能力，一致作文化的运动，就是汇百川之水到一条江里，一泻千里，便成怒潮——就是新文化的怒潮，就能把中国腐败社会洗得干干净净，成一个光明的世界！

（八年九月，《新教育》）

学潮后青年心理的态度及利导方法

我于一个月中，走了北京、天津、南京、上海、杭州五个大城，读了五十多种的新出版物。把朋友的谈论，和出版物的言论归纳起来，知道“五四”以后青年的态度，和从前大变了。这个态度的变迁，和中国将来的事业很有关系，所以我们讲教育的很要注意。前清的时候，到处闹学，青年心理的态度，大大的变迁——从尊师尊君的心理，变到反对学校主持人和反对清朝的心理——到底酿成了辛亥的革命。这回五四运动，如狂风怒潮的扫荡了全国，我们大家觉得几年里边，终有一个大事业生出来。这是什么东西，我们不敢预言，但我们可预决终有一出好戏演出来。

我们现在所欲讲的，是近来青年心理的态度。从这个态度，可以预测将来发生的事业。

这个态度，我们可以叫他做“心的革命”的态度。政治革命是外面的；心理革命，是到了人自己的身上来了。人到了革自己的心的命，你看这关系何等重大！我们若将这态度分析起来，可有三个要素。

（1）一个疑问符“?”——这个疑问符飞扬于全国青年脑中，好像柳絮，春风一动，满天皆是；东望西瞧，到处见这些东西。这个“?”的意思，就是“为什么?”“做什么?”“这个是什么?”“究竟做什么?”这就是朱子说的“学要会疑”，笛卡儿说的“真知的起点就是疑”。这个“疑”字即在青年脑中，他们就事事要问为什么、做什么、这个是什么、究竟怎么一回事。我们若把事事照这样问起来，就会闹出许多“乱子”来。大凡一个老国度里，必有许多遗传下来的习惯——无论是思想的习惯，或行为的习惯——没有用疑问符“?”的时候，不知不觉的大家都会照样做过去。如祭祖时烧冥镪、见长辈叩头、作文时说几句“茫茫大地，浩浩乾坤”、对人说自己称“兄弟”；本来很丰富的省，偏要称“敝省”，县称“敝县”；住了很高大的房子，称“敝寓”。这种事几百年的做下去，没有人问他，就不知不觉的行过去；若把这种事的后边加一疑问符，大家就要反抗起来，批评起来。这种习惯就站不住。

（2）自己想、自己说——从前一班人的思想，是人家——古人或国人——替他们想的；一班人说的话，是替人家说的。现在的趋势，望那“自己想、自己说”一方面走。这是用疑问符的天然结果。我怀疑，我就要问；我要问，我就在那里想；我想，我就要说。我要想，我要说，我就要求思想自由、言论自由。所以一班青年，现在最痛恶的是两件事：一件就是说命令式的老话，阻碍他们的思想；封报馆阻碍他们的言论。

（3）要求新人生观——我怀疑，我逢事便问。问这是什么意思，那是什么意思。问来问去，问到自己的身上来，我想，我说，我是什么？我在这里想什么？我在这里做什么？我想，我说，我做，究竟什么？说什么？做什么？于是到底归到一个问题来：人生究竟什么？我们现在的生活，是什么的生活；我们要求的是什么生活；我们理想中应该有什么生活。我们对于向来生活知足么？我们向来的生活，是中古的生活，不知不觉的生活；我们现在的生活，是干涸的生活，麻木的生活。我们定要跳出这个生活的范围。跳到那里去？向那一方跳？我们要有一个新人生观。

简单说一句话，他们看了现在个人的生活都不满足，社会的习惯都可怀疑。现在流行的种种问题如妇女问题、丧礼问题、婚姻问题，都从这里生出来的。

将来问题愈弄愈多，范围愈推愈广，社会必如破屋遇狂风，纷纷倒塌；新生活必如春园遇时雨，到处萌芽。几年里边，生出来的大事，从那方向去推测，“虽不中，不远矣”。

凡看得透的人，到了旧社会崩塌的时候，知道补救的法儿。看不透的人，到那时候，就会脚忙手乱，倒行逆施。说到这里，我们恐怕那时执大权的，就是看不透的一班人；他们就会脚忙手乱，用倒行逆施的方法，想阻挡社会的崩塌，中国事就弄得更糟了。唉！我看近来教育部隔靴搔痒的命令，警察厅雷厉风行的封报馆，就是这脚忙手乱、倒行逆施的初步。老子说：“太上因之，其次利导之，最下者与之争。”又说：“民不畏死，奈何畏之以死。”我愿这班老先生听听古圣贤的教训。

青年心理的态度，和中国社会的关系，我已约略说过了。青年心理是社会的寒暑表，掌政权的人，不要闭了眼睛，不去看他的度数；亦不要看了热度增高，就以为把这寒暑表打破，热度就会减低；那就大错了。办学校的人见热度增，也不要责寒暑表，须知学生行动，是恶社会挑拨起来的。其原因在社会，不在学生。若以此责学生，好像天气的热，来责寒暑表的上升，是愚极了。

所以办学校的人，要知道青年的要求；帮助他们，来求满足的生活，研究社会的问题。学校和学生，以互助的精神，共同做一番功夫，方是正当办法。所以我对于办学校的人，有些贡献，愿大家研究学潮以后的学校问题。

第一，我愿办学校的人奖励学生自治。几十年前，英国有位哲学家，名叫斯宾塞，这个人我们大家知道的。他作一本书，名叫《教育》。这本书里说，教育是预备生活。这是教育上一个大进步。因为以前的教育，但从知识方面着想，他这学说出世后，大家知道要从生活上着想，教育是预备生活。近来杜威先生的学说，又进了一步。他说："教育就是生活。今天受一天教育，就要有一天好生活。"我们要知道，好生活是自动的，他人代动的不是好生活。学生自治，是自动的一个方法。学生自治团体，是学生求丰富生活的一个团体。学生在校时，有丰富的生活，方能达"教育是生活"的目的。至学生自治的精神、责任和问题，可参看《学生自治》的一篇文章，我在此不多谈了。

第二，要给学生思想自由的机会。人生问题和社会问题，要用智慧来解决。思想不自由，智慧就不发达，头脑就不清楚。若以头脑不清楚的人来研究问题，一定没有好结果的。要养成头脑清楚的人，入手办法，就是使思想自由发展。我们以前的教育重记忆，后来进一步，重领悟；现在还要进一步，不但须领悟，还须自由下批评。做教员的，要欢迎学生自由下批评，才不阻碍思想自由之发展。

第三，要助学生研究社会问题。使学生批评历史上一段事，或书上一句话，不如使他们批评社会状况。从现在社会状况中提出几个问题，和学生大家研究。照此办法，学生既得批评的机会，又得机会来研究社会活泼泼的问题；从实际问题上运用他自由的思想，最有益处，使他知道思想是研究社会问题的一个利器，思想自由，并不是悬空幻想的意思。

第四，要助学生达丰富的生活。青年的心理，既以现在的生活为不满足，教师当助学生研究达满足生活的方法：(1) 伦理学的研究。伦理学是人生观的比较学和历史，使青年知道欧亚两洲古今对于人生的观念，并生活方法。何者为适当的生活，何者为不适当的生活。(2) 养成对于天然物之兴会。如蝴蝶、蜜蜂的生活，花木的生长，矿石的结构，天然美丽，能够引起一班青年无限的兴趣。(3) 音乐、戏曲之习练。音乐可以使青年的感情和乐奋发，加增人生的趣味。戏曲可以使青年发泄胸中的怀抱，并实验他们理想中所有的生活。校内丰富的生活，就是青年天天兴高彩烈的作种种健全的活动。

（八年十月，《新教育》）

这是菌的生长呢，还是笋的生长？

四五月里的时候，天气晴煦，晚间忽然来了一阵春雨。明天早起开窗，见园里有许多菌，生气勃勃的生长起来。你说，唉！生了好快。二三天后，他们就枯死。你说，这菌的生长，是不久的。

二三月中，时雨之后，散步竹林里，你看那些笋都发生出来，一日长数寸。三星期后，长了数尺。一二月后放出叶来，变了青色的竹，好茂盛！

这回五四运动以来，几个月以内，从北京到广东，从上海到四川，不知生了多少新势力。有人说这起来了太快，恐是菌的生长。但我们要知道笋的生长，亦很快的。所以现在我们的问题，就是这回新势力起来，是菌的生长呢，还是笋的生长？

要答这个问题，我们须分两段研究，第一段是研究这新势力的现状，第二段是研究他的将来。

我于近一个月中，在北京、天津、南京、上海、杭州五个大城中各驻了几天，所以能在黄河流域和长江流域的重要文化中心，都亲身吸了几口新鲜空气。其余太原、长沙、成都、广州等地方虽没有到，亦曾读过他们的新出版物——现在这种新出版物全国约有二百五十余种，我看过的约有五十余种——我把和五处友人的谈论，同五十余种新出版的言论，归纳起来，他们的思想和感觉可以归到三大点里去。

（1）一个“?”疑问符——这个疑问符我在前篇已经说过了，现在再说几句。这个“疑”字不但把我国固有的思想信仰摇动了，而且把“舶来品”的思想信仰也摇动起来。若非真金，无论中国铜、外国铜，都被这个“疑火”烧镕。我这句话，并非说他们思想革命的人，不要西洋输入的思想；他们的意思，以为西洋思想进来，也要去问他究竟什么一回事，不肯盲从讲赫胥黎、达尔文、密勒的一班人。盲从“物竞天择”和盲从“三纲五常”的，是犯同一个毛病！

这会思想革命，和辛亥政治改革，一个不同的要点就是这个“疑”字，这个“?”疑问符。辛亥革命成功后，一班革命家都兴高彩烈的，我说是我的功，你说是你的功。他们都以为革命成功，中国就能发达，不自己问一问：“这革命究竟是什么一回事?”这回思想革命，大家的态度和辛亥不同。我听见许多人说：这回闹了一番，确是好事情，但闹过了后，我们回想起来，很愿意知道“究竟是什么一回事”。

所以他们讲思想革命的人，不但对于遗传的或“舶来”的思想抱一种怀疑的态度，对于自己的思想、行动也是如此。“觉悟”“彻底觉悟”等名词，就是从这里生出来的。

（2）自己想自己说——这个问题，在前篇已经说过了，没有别的话补充。

（3）要求新人生观——这个问题，我也在前篇说过，现在再加上几句话。作者有一天对杜威先生说，现在青年要求一个新人生观。杜威先生说，他在奉天的时候，忽有人问他什么是人生的真义，他觉得很惊异。他就答道，人生的真义，是有一个丰富的生活。因为时候匆促，他没有详细解说。我们要求丰富的生活，大家承认的。但什么是丰富的生活，用什么方法来得到？这个问题，就要生出许多问题来。

这半年里边，自北京到广东、从上海到四川生产了这三件大事，闹了翻天倒地。有人说，现在渐渐冷静了，可知道这都是菌的生长。我说这话错了。现在冷静的现象，是外面的，从内部里看来仍是很热闹。有许多的青年说：他们从这回运动以来，觉得自己脑里空虚，此后他们要静养静养，从那学术方面走。所以有许多青年，以前是很肯干事的，现在都愿回到图书馆、试验室里去了。这是什么意思呢？他们都知道“无源之水，移时而涸”，所以都要求水的源。春园的笋，生气内动，天天生长；到了放叶的时候，自然不能比起初一样的速度。不像那菌，生长了很快，忽然枯死。

我们从上面所说的现状观察，可知这势力的生长，是笋的生长，不是菌的生长。若从将来一段看起来，这新势力的趋势，是从那有希望的一方面走。为什么呢？因为百忙之中，有一个新趋势渐渐儿的露出芽头来了。北京有一位青年说，我们的文化运动，有两个要点，一个是批评的精神，一个是科学的方法。南京有一位朋友说，文学的改革，能惊动全国；一班社会，为什么不注意科学呢？杜威先生说，科学是中国所最需要的。我们若细心想一想，知道批评是科学的精神；科学的方法，就是达到真理的方法。不过现在尚限于社会方面，所谓社会的科学。这文学革命，很多地方，是借重科学的精神和方法的。但近世科学，已在此不知不觉的下了种，将来必在中国的肥土里生长起来，将来必由社会科学到物质科学。（现在一班人对于物质科学，好像对演幻术一般，不知道物质科学的真精神。）现在我们要求丰富的生活，将来必想到要达到这个目的，须利用天然力。制驭天力，用于生活上，生活才能丰富。科学是制驭天力的工具。我讲到这里，看见报上有天津学生发起利生公司的宣言说："……我们社会上的人，最不讲究卫生。有钱的人吃的虽好，并不合乎卫生；无钱的人，更不知道什么叫做卫生。所以传染病、流行病，年年有的。最大缘故，就是我们社会上不讲究卫生，饮食随便，那毒菌、毒虫不知道吃了多少，那百病可就生出来了。……我们知道那苍蝇是传染病的媒介，灰土内又不知道有多少毒菌。……我们学生见到此处……赶快联合了许多的同志，立一个公司，专预备学生四季所用的食品食料，以合乎卫生为目的……"毒菌，苍蝇传毒菌，是怎么知道的，可不是科学的功么？所以我说，科学的种子，已在这番思想革命里下了，将来必惹起社会注意。现在中国最大的科学团体，就是中国科学社，社员中有学问的人很多，将来必能传布科学知识于国民。他们很能够研究高深学问，但我们希望他们对通俗科学知识，也要很注意。最好一面讲高深科学，一面用浅近的科学知识，来研究现在的社会问题；若专讲第三容积，和最小方等，那里能够惹起社会一班人的注意呢？中国人科学观念最薄弱，如初读英文一样，要"ABCD"读起才好；白话文的一个好处，就是通俗，人人做得。还有，现在新思想派所研究的问题，是社会切身活泼的问题，并不是悬空讲学问，所以很能普及。科学家亦要照此办法，来讲科学，才能普及。

科学是求丰富生活所必需的知识，讲求丰富生活，科学必跟着来。这是我对于将来科学发达的希望。还有一件事，就是美术。我常想意大利的文运复兴有三个原子：一是思想，二是科学，三是美术。我们中国现在的新潮，只有思想一方面。这亦是新潮不完全的地方，我们要注意。然而文运复兴的起始，也只是要求人类本性的权利（如思想自由、感情自由），后来引到发展自然界的新观念和研究的新方法。照此看来，我们的新潮，才是文运复兴的初期。要图科学、美术的发展，还要做第二段功夫呢。要求丰富的生活，就是科学、美术发展的导线。因为没有科学和美术，生活是不会丰富的。科学能制驭天然力，供给人生的需要。用科学讲卫生，能减少疾病的痛苦；用科学讲农事，能增进产量，减少乏食的贫民；用科学讲商务，能发达贸易，增进社会的富量；用科学讲哲学，能使我们的思想清楚。我们中国国民平均的富力很薄弱，要得丰富的生活，靠着物质的力不少，若平均的富力薄弱，那里能得到丰富的生活呢。丰富的精神，靠着丰富的物质的地方很多。有丰富的物质，无丰富的精神，是死的；有丰富的精神，无丰富的物质，这精神就要飞到天上去，在地球上站不住。

美术——图画、音乐、建筑、雕刻、戏曲、字、金石等等——使人的感情融和，理想高尚，精神活泼。人生在世上，他的需要不仅在思想，感情的需要也很大。人没有丰富的感情，就可算是没有生活。徒事思想的生活，实太干枯。我希望求丰富生活的青年，不要忘却美术的作用。

一方面把现在的活动，继续做上去，一方面把科学和美术提倡起来，酿成完全的新潮。这是我对于文化运动的希望。这就笋的生长，将来可成一茂密的竹林。

我还有一句话，要诸君注意，这文化运动，不要渐渐儿变成纸上的文章运动；在图书馆、试验室里边，不要忘却活的社会问题，不要忘却社会服务，不要忘却救这班苦百姓。

（八年十一月一日，北京《晨报》纪念号）

北大学生林德扬的自杀

前一个月，我在上海的时候，和几个外国朋友，谈学潮后青年的心理；我说现在青年心理的态度有三个要点：（1）事事要问做什么，就是对于事事怀疑。（2）思想自由。（3）改变人生观。有一个外国朋友听了说："好危险，将来恐怕有许多青年要自杀。"我回北京后，见杜威先生，对他说这个过渡时代，恐怕有几个青年，因问题解决不了，闹自杀惨剧。第二天，林德扬君自杀的新闻传到了。林君自杀的情形，已由罗志希君在十九日的《晨报》说明，并说出三个补救的方法：（1）美术的生活；（2）朋友交际的生活（并男女朋友交际的生活）；（3）确立新人生观。

我对于罗君三个补救的方法都赞成。但我还有一番申说。我国对于自杀不算是不道德，这是不好的观念。因为杀人尚有人要抵抗，自杀就无人能抵抗。所以西洋法律上对于尝试自杀者加以罪。宗教上也视自杀为罪过。天生我堂堂地一个人，要我自己保护。我不保护，还要自杀，岂不是罪？罗君把这个罪加在社会身上，我国这种恶劣社会，固当承受这个罪。但社会本来不能自己改良，要我们个人去改良他。社会还没有改良，我就把自己杀了。这社会还有改良的日子么？

罗君说中国自杀之风稀少，正是中国人心气薄弱的一种表现。我想青年自杀，也足以表现中国人心气薄弱。德国因中学功课太重，学生时有自杀的。但通行的风气是决斗，不是自杀。两人决斗，败者伤或死，伤也伤了痛快，死也死了痛快。这是人心强毅的表演。自杀是自示其弱。

曾国藩和英国治印度有名的海斯丁皆曾尝试自杀。他们都成大功，若当时不幸死了，这大功岂不是同冢土穴了么？然而华盛顿、俾士麦，没有尝试自杀，也成了大功。自杀岂能作为成功的条件么？

林君确是一个好人，并不是因为他自杀了，我们承认他是个好人。“好人”的名号，是从平日行为判断的。林君是个好人，因为他平日行事表示出来是一个好人。他若不自杀，岂不是一个社会有用的人么？他自杀，这个结果和杀了社会上一个好人相等。青年呀，自杀是一个大罪恶。

罗君说我们要奋斗到极点，才可自杀，我想这也是不对的。我们奋斗到极点，还要奋斗。人家杀我，我没法想，我们万不可自杀。

以上为我反对自杀的理由。补救的方法，罗君已说过了，我除赞同外，没有话说。青年，青年，新人生观一时不能造成的。过渡时代，终有许多困难和失望的事，这是一定要经过的。困难是成功的路，开辟一个新天地，终要遇着许多荆棘。我们终须用大刀阔斧斩一条路，为后人造幸福，万莫灰心。

新生活不是望空能得到的。今天活一天，活得正当，明天也如此；一天一天的过去，就会达到。新生活是要用试验的态度得来，试验的时候要耐心。从地狱里造天堂，也是可乐的事。

我还有一句话，请青年听听，凡人自十六岁至二十岁的时候，个个人想着自杀的。诸君心里烦闷的时候，要请你们平素最信仰的朋友或先生帮助你们来解决问题，不要“孤注一掷”。生命只一个，可宝贵的。我们常常要抱乐观才好。斯帝文斯说道：

这世界里有那么多的事物，
我们天天应该像王侯的快乐。

（八年十一月二十一日，北京《晨报副刊》）

智识阶级的责任问题

我们未讨论知识阶级的责任问题以前，先须问谁是知识阶级中的人。现在所谓知识阶级，大都指投身教育事业者而言，其次为出版界的著作者和编辑者，再其次为其他操必以高等学术为基础的职业者，再其次为散于各界中之对于学术有兴味者。教育界及著作界以知识为终身职业，故为知识阶级之本位，余者只可谓与知识阶级接近者，因其职业本不为单纯之知识。若以全国之人口、区域两者而论，此种人在中国实居少数。以少数之少数，欲负何等重大之责任，而能胜任愉快者，实为不易之事。

更进一步，知识界是否能成一阶级，在今日中国亦属一疑问。因既成一阶级必须具有两个条件：第一，在社会上必占有一种相当的势力；第二，本身必有一种团结和组织。现在中国的知识界，不能谓在社会上无相当的势力，亦不能谓无一种比较的薄弱的团结。但“组织”两字，实在还谈不到。现在所有的组织，或者为太近于形式的，定期开几次会，通过不关痛痒的或肤浅可笑的几个议案，打几个铺张门面的通电。即使有几个有价值的议案，事后大家也都忘了的。或者为特别事故，临时结合的团体，风潮一过，就无人过问。

照此看来，我国所谓知识阶级，人数既少，又加散漫无组织，那里配当得起这个名称。所以在社会上，虽占有一部分的势力，其薄弱也可想而知了。不过其中还有几个个人，比较的思想尚清楚，事实尚能研究的。这几个个人有时发言，尚能唤起一般人们的注意。所以外面的人看着，似乎有一个知识阶级存在于中国，实际上亦不过是一个“纸糊老虎”罢了。只要“有枪阶级的”枪刺一戳，就成一个窟窿，从窟窿窥视，里面是一个空架子。不过有几个人，尚能在“纸虎”以外单独的奋斗，这“纸虎”也仅仅因为靠着他们的奋斗，还在那边雄赳赳的蹲着！

“纸虎”终有一天要戳破的。奋斗的同志们呀！你们也何苦要这个“纸糊老虎”。现在所谓什么会，什么团体的本身，是要不得的了。其中的个人，快快释放出来，单刀直入的奋斗。匹夫之勇，究比睡觉的大队人马好些。

外边的人们，要认这几个个人，为知识阶级的代表也好，只认他们是个人也好。只要是精神上的联络，暂时无形质上的组织，也不妨事。与其为奄奄无生气的组织，不如和活泼泼的个人联络。

我们把所谓知识阶级的现在的地位和状况解释明白后，我们可以谈外界的人们，对于知识界的希望了。外界的人们所最关心的，就是切身苦痛。大多数的人们，大凡利害不切身，是不顾问他的。这也是人类共同的弱点。一旦痛苦切身，有能力的，就直接求解免的方法，间接求他方之同情和助力。能力薄弱的，自己无求直接解免的能力，就间接的希望他人代为解免。乱世愚民希望“真命天子”出现，乡民遇水旱之灾，希望老佛爷发慈悲心，都是从这个心理中出来的。就是我们希望军阀自己觉悟的人，也是同一心理。然而要希望军阀自己觉悟，直是希望老虎不吃人了。

“真命天子”是不会出来的，北京城里有了一个“假命天子”，前几日还被人撵跑了（指溥仪被逐出宫）！老佛爷坐在莲花上，在极乐世界里闭了眼打座，早忘却了我们小百姓。老虎不吃人，是生物学上所不许的。

自己无直接解免痛苦能力的人们，他们的希望不会临到知识界的头上来的。知识界现在所负的责任，在尽力副间接求同情和助力的人们的希望。知识界也可以间接求他们的同情和助力，不必抽象的唱救国拯民的高调了。抽象的国和民，是无从着手拯他们的。

我们把知识界的责任，已假定了一个范围。不能自助者，除灌输常识给他们为自助之资料外，不必助他，也无从助他。反言之，知识界不能自助，也不必求人助。知识界的责任，在与有相当能力者之互助。

在这互助范围以内，我们希望他界辅助知识界的，不在本文范围以内，姑置弗论。我们先推测他界希望知识界的是什么。要推测这个问题，先要认定他们所感的切肤之痛是什么。简而言之，就是政治上的捣乱，影响于经济和治安。表面上似为军阀问题，基础上究是政治问题。这不但是他界所受的苦痛，也是知识界所受同样的苦痛。

对于政治问题，他界视之过于近，知识界视之过于远。他界看政治上的捣乱，以为赶掉几个贪官污吏、强暴军人，求几位贤父母来做省长、督军，就好了。稍远的以为把制度改订，如废止议会、设立委员制等类，政治就可改良。这种办法，我们不能不承认是有益的，但不过是头痛医头、脚痛医脚的办法。根本的病症，还潜伏在里面。知识界看政治上的捣乱，以为根本在社会不良的缘故，社会一日不改良，政治的清明一日无希望。要改良政治，先要改良社会。更进一步的说，社会不良，根本的原因，在科学、学术、思想的不发达。要改良社会，先要提倡科学、学术、思想，等等。

他界希望知识界的，是什么帮助他们来解决现在的政治问题，减少他们的切肤之痛。知识界答他们的，是先改良社会，或发展学术、科学、思想，等等。这不但是他界看了，有些迂远，知识界自身有时也觉得有讨论的必要。因为政治不良，于改良社会，发展学术、科学、思想，等等，有许多的阻力，有时简直是行不通。知识界这几年来，自己所受的苦痛，所得的经验，足以证明这话是不错的，不必我们去详说了。

知识界看政治问题、社会问题、学术问题，彼此循环不息，好像走进一个万恶的圈子里，转来转去转不出来。这个问题，好像古代的一个老问题：鸡生蛋的呢，还是蛋生鸡的呢？这个问题，以纯粹论理学去辨论，是达不到断语的。我们只好说，鸡是蛋所生的，蛋亦是鸡所生的。有了好鸡，自然能生好蛋；有了好蛋，自然能生好鸡。善养鸡的，择好鸡来生好蛋，择好蛋来生好鸡，两面都要做的。社会能影响政治，政治也能影响社会；社会能影响学术，学术也能影响社会。无论那一方面做起，都是有效的。

但知识界往往借口社会和学术的重要，来躲避实际政治的麻烦问题，这是不对的。许多人看见实际问题解决的困难，知道唱几句社会和学术的高调，最容易缴卷，就把学术和社会的研究，作为避世的桃源；或者钻进学术和社会的研究里面，忘了应世的目的。前者之结果，必养成万恶的政治；后者之结果，产生一班不切世务的迂儒。照此看来，研究实际政治的责任，知识界是不能逃避的。

若我们承认知识界应负研究实际政治问题的责任，更进一步说，知识界对于政治，以发表言论，必引起政治界的干涉而起冲突，因冲突而引起实际参与的兴味。故最后是避不了参与的。不过我们须认定参与要有界限罢了。

我们以为知识界参与实际政治问题，要有两个条件：(1) 维持现状的实际政治，是不必参与的。因为维持现状的政治人物，国中很多，不必知识界来供给。(2) 改革或革命的实际政治，才有参与的价值，然亦须以不妨害研究学术和较远的问题为界限。不然，知识界失去自己的本职，还有参与政治的资格么？譬如五四运动一役，我们不能不承认有相当的效用，但结果还是一个失败。其流毒于全国学校，其害与驱逐几个恶人和阻止《巴黎和约》签字之利相比较，我们实难定其那个是轻、那个是重。外交上的利益，我们所承认的，政治的恶劣如故，我们也看见的。学校成绩的退步，青年的堕落，我们不能不承认自大学至中学，全国滔滔皆是了！这样下去，不但现今的政治无法改良，将来的政治仍是没有希望。悬崖勒马，能发能收，这是知识界的本职。

知识界要讨论或参与实际政治，决不可忘了自身的本职，发展学术、科学、思想，等等。于本身上站不住脚，那里配谈改良政治。也不可利用自身的本职，作避世的桃源，或忘了那学术、科学、思想等和世务不可隔离的。亚利士多德说："人们是政治动物。"

造成将来光明灿烂的世界，是知识界应负的责任——重而且大的，但不可仰望了头上的蜃楼海市、玉宇仙宫，不顾脚下荆棘、道旁地狱。

（十三年十一月，北京《晨报》六周增刊）

第三编

教育方向的转变

高等学术为教育学之基础

自十九世纪科学发达以来，西洋学术，莫不以科学方法为基础；即形上之学，亦以此为利器。至今日一切学问，不能与科学脱离关系；教育学亦然。故今日之教育，科学的教育也。舍科学的方法而言教育，是凿空也，是幻想也。幻想凿空，不得谓二十世纪之学术。

二十世纪之学术，既为科学的，然科学厥有二种：曰纯粹科学，曰实践科学，或曰应用科学。纯粹科学，独立而不依，不藉他科学为基础，如物理、化学、算学是。实践科学，又曰复杂科学，不能离他科学而独立，如工程学、政治学、教育学是。工程学之基础，物理、化学、算学也。政治学之基础，历史、地理、人种、理财、心理、社会诸学也。教育既非纯粹科学，必有藉乎他科学。然则其所凭借者，为何科乎？曰：欲言其所凭借，必先言教育学之性质。

（1）教育为全生之科学。何谓全生？在英字为“complete living”，即言享受人生所赐予之完满幸福。英儒斯宾塞，以教育为预备人类生活之方法；分此方法为四步：直接保护生命者为第一步；间接保护生命者为第二步；保护传种为第三步；供给消遣、娱乐为第四步（见斯宾塞 Education）。直接保护生命者，例如衣食住是也；间接保护生命者，例如政府、社会是也；保护传种者，例如嫁娶是也；供给娱乐者，例如文学、美术、渔猎、旅行是也。是数者备，则全生矣。子华子曰：全生为上，亏生次之，死又次之，迫生为下。全生者，六情皆得其宜也。亏生者，六情分得其宜也。迫生者，六情莫得其宜也。斯宾塞之论全生，以生理学为起点。子华子则以人之感情为起点。其起点虽不同，而将欲达乎全生则一也。社会进化，人类生活，日趋丰富；教育者，所以达此丰富生活之方法也。

（2）教育为利群之科学。明德新民，己欲立而立人。个人与社会，固相成而谋人类进化者。社会愈开明，则个人之生活愈丰富；个人生活丰富之差度，则亦与社会程度之高低，成正比例。盖合健全之个人，而后始有健全之社会。故求全生而广大之，即所以利群，利群即所以求全生也。社会不振，个人之自由，必为之压迫；个人之幸福，必为之剥削；则亏生者众矣。故全生者，教育之目的；利群者，达此目的之一方法也。

（3）教育为复杂之科学。人生至繁，即以物质上言之，一人之所需，百工斯为备；若概精神而言之，则所需之广，何啻倍蓰。教育既以人生为主体，故凡关于人生之问题，必加研究，教育之事遂繁。此必赖乎各种科学为之基，综核其所得之真理而利用之，此即二十世纪新教育之方法也。爰撮大要，为表如下：

- 教育学基础
  - 个人
    - 发展个性
      - 生理学
      - 遗传学
      - 卫生学
      - 心理学
      - 论理学
      - 美学
    - 天然界
      - 生物学
      - 动物学
      - 植物学
      - 理化及他科学
  - 社会
    - 发展人群
      - 人种学
      - 历史地理
      - 伦理学
      - 政治学
      - 群学

复难[1]之科学，既有赖乎他种科学，教育学之有赖乎高等学术也明矣。观上表，知教育学不能离他科学而独立，则其有赖乎高等学术也更明矣。

离社会则不能言教育，舍个人则更不能言教育。盖个人为教育之体，社会为教育之用，两者兼则教育之体用备。然将何以达此体用乎？曰：此即有赖乎高等学术也。个性将何以发展乎？曰：必先习乎生理、遗传、卫生、心理、论理、美感诸学。人群将何以发展乎？曰：必先习乎人种、历史、地理、伦理、政治、群学诸科。个人与社会，日与天然界接触；且事事物物，皆在天然律范围之内，即宋儒所谓事事物物皆有至理。朱子解理字曰：理有二方面，曰：何以如此？曰：所以如此。所以如此者，天然律之体。何以如此者，天然律之用。欲识天然律之体用，必先习乎生物、动物、植物、理化诸科。以上所述各科学，凡研究较深者，皆得称之曰高等学术。不博通乎

[1] “难”，当为“杂”。——编者注

此，则不可以研究教育。以西洋而论，大教育家中如亚利士多得（Aristotle）、马丁路得（Martin Luther）、福禄培（Froebel）、斯宾塞（Spencer）诸子，何一非大学问家？以吾国而论，大教育家中如孟子、荀子、程明道、伊川、陆象山、朱晦庵、胡安定、王阳明诸子，何一非大儒？即以现今西洋社会而论，彼握教育枢纽者，谁非为人所信仰之学问家？其教育院中之学子，何一非兼长他学？有真学术，而后始有真教育；有真学问家，而后始有真教育家。吾国自有史以来，学问之堕落，于今为甚。今不先讲学术，而望有大教育家出，是终不可能也。无大教育家出，而欲解决中国教育之根本问题，是亦终不可能也。或曰："方今士夫，竞为虚浮，欺世盗名，弁髦学术。子毋作迂阔之言而自速讪谤!"余曰："其然乎？是诚余之迂也!"

（七年一月，《教育杂志》）

个人之价值与教育之关系

教育有种种问题，究其极，则有一中心问题存焉。此中心问题惟何？曰做人之道而已。做人之道惟何？曰增进人类之价值而已。欲增进人类之价值，当知何者为人类之价值。然泛言人类之价值，则漫无所归。且人之所以贵于他动物者，以具人类之普通性外，又具有特殊之个性。人群与牛群、羊群不同。牛羊之群，群中各个无甚大别，此牛与彼牛相差无几也，此羊与彼羊相差亦无几也。人群之中，则此个人与彼个人相去远甚：有上智，有下愚；有大勇，有小勇，有无勇；有善舞，有善弈，有善射，有善御；皆以秉性与环境之不同，而各成其材也。故欲言人类之价值，当先言个人之价值。不知个人之价值者，不知人类之价值者也。人类云者，不过合各个人而抽象以言之耳。

陆象山曰："天之所以与我者，至大至刚，问尔还要做堂堂底一个人么？"此言个人之价值也。我为个人，天之所以与我者，至大至刚，我当尊之敬之。尔亦为个人，天之所以与尔者，亦至大至刚，我亦当尊之敬之。个人之价值，即尔、我、他各个人之价值。识尔、我、他之价值，即知个人之价值矣。个人云者，与尔、我、他有切肤之关系。尊敬个人，即尊敬尔、我、他。非于尔、我、他之外，复有所谓抽象的个人也。

我国旧时之社会，由家族结合之社会也，故合君、臣、父、子、兄、弟、夫、妇、朋友为群。今日文明先进国之社会，由个人结合之社会也，故合尔、我、他各个人而成群。由家族结合之社会，其基础在明君、贤臣、慈父、孝子。由个人结合之社会，其基础在强健之个人。

何谓强健之个人？其能力足以杀人以利己者，非强健之个人乎？曰：非也。杀人以利己，是病狂也。犹醉酒而胆壮，非胆壮也，酒为之也；其能力足以杀人，非能力大也，利诱之也。强健之个人，不当如醉汉之狂妄，而当若猛将之奋勇。

“天之所以与我者，至大至刚。”我当如猛将之临阵，奋勇直前，以达此至大至刚之天性，而养成有价值之个人。做人之道，此其根本。

此“至大至刚”者何物乎？曰：凡事之出于天者，皆“至大至刚”。卢骚曰：“天生成的都好，人造的都不好。”此即承认人之天性为“至大至刚”。教育当顺此天性而行。象山曰：“教小儿先要教其自立。”自立者，以其所固有者而立之，非有待于外也。

个人各秉特殊之天性，教育即当因个人之特性而发展之，且进而至其极。我能思，则极我之能而发展我之思力至其极。我身体能发育，则极我之能而发展我之体力至其极。我能好美术，则极我之能而培养我之美感至其极。我能爱人，则极我之能而发展我之爱情至其极。各个人秉赋之分量有不同，而欲因其分量之多少而至其极则同。此孔子所谓至善，亚里士多德所谓“Summum Bonum”（译即至善）。

个人之价值，即存于尔、我、他天赋秉性之中。新教育之效力，即在尊重个人之价值。所谓“自由”，所谓“平等”，所谓“民权”“共和”“言论自由”“选举权”“代议机关”，皆所以尊重个人之价值也。不然，视万民若群羊，用牧民政策足矣，何所用其“言论自由”？何所用其“选举权”乎？牧民政策，仁者牧之，不仁者肉之；牧之始，肉之兆也。故牧民政策之下，个人无位置，尽群羊而已。共和政体之下，选举之权，尽操于个人，此即尊重各人之价值也。政治因尊重个人，故曰共和，曰民权。教育因尊重个人，故曰自动，曰自治，曰个性。

我一特殊之个人也，尔一特殊之个人也，他一特殊之个人也。因尊重个人之价值，我尊重尔，尔尊重我，我与尔均尊重他，他亦还以尊重尔与我，我、尔、他均各尊重自己。人各互尊，又各自尊，各以其所能，发展“至大至刚”之天性。个人之天性愈发展，则其价值愈高。一社会之中，各个人之价值愈高，则文明之进步愈速。吾人若视教育为增进文明之方法，则当自尊重个人始。

（七年四月，《教育杂志》）

进化社会的人格教育

何谓人格？本个人固有之特性，具独立不移之精神，其蕴也如白玉，其发也如春日，而此特性，此精神，即所谓人格也。以此为目的之教育，即所谓人格教育也。

何谓进化社会？进化社会有三条件：一曰社会所贮蓄之文明，能日日加增也。不能保守固有之文明，不必言进化。能保守矣而不能加增，亦不能言进化。故进化社会，须日日加增其文明也。二曰社会之度量，能包容新思想也。退化的社会，度量狭窄，凡有新学说出现，必挫折之，使无存在之机会，而后乃快。有清之文字狱，与俄帝国时代之压制言论自由，即其例也。三曰大多数之人民，能享文化之权利也。如文化限于少数之人，则此少数人之思想纵或高尚，往往与一般普通社会相扞格。其结果也，于俄国则酿成虚无党，于中国则养成迂远不切事务之书呆子。少数之人，高谈阔论，不可一世，而多数国民，其劳力如牛马，其愚鲁如蠢豕，社会之前程，遂黑暗而无光。

以上之三条件具而后社会始能进化。故个人之居进化社会中，当负此三种之责任。欲负此三种之责任，必先养成有负此责任之能力。

此能力之基础有二：一曰能行，二曰能思。所谓能思者，养成清楚之头脑，并有肝胆说出其思想，不可抄人成语，亦不可委委诺诺的随人脚跟后讲糊话。所谓能行者，做事担得起责任，把肩膀直起来，万斤肩仔我来当。夫如是，始能增加文化，生出新思想。至使大多数人民能享文化之权利，则须仗教育之普及。

进化社会的人格。本上文人格之定义，与夫进化社会之条件，个人能力之基础，而作进化社会的人格之解释曰：本个人固有之特性，具独立不依之精神，其蕴也如白玉，其发也如春日；具清楚之头脑，担当万斤肩仔之气概，能发明新理而传布之；勇往直前，活泼不拘，居于一社会中，能使社会进步。而此特性，此精神，即所谓进化社会的人格也。以此为目的之教育，即所谓进化社会的人格教育也。

（七年六月，《教育杂志》）

和平与教育

和平非不战之谓也，和平亦非不战可得而几也。战争之战仗武力，和平之战仗正义。正义存乎世，则真正之和平始可得而保。若夫武人专权，正义扫地，虽无战争，非和平也，苟安耳。国民各怀苟安之心，而犹自诩其爱和平，游鱼嬉釜，供人烹调而已。

吾国人素以爱和平著。然一究其原，吾国人所谓和平者，实无坚固之基础。何以言之？曰：吾国所谓和平之基础者，非仁政也欤？仁政也者，非即所谓牧民政治也欤？国民如群羊，仁君牧之；牧之得其道，则五谷丰登，家给户足，熙攘往来，咸与升平。虽然，仁政之下，暴政伏焉；牧之始，鱼肉之始也。彼牧者一旦苟欲杀其群羊而供其大嚼，则又谁与之抗！读吾国历史，一治一乱相乘续者无他，羊肥而食，食者暴也；羊瘠而牧，牧者仁也。牧而食，食而牧，循环不已。政府以民为羊，而民亦自甘居于羊之地位。若是者数千年，积重难返，居今日而视全国之人民，要皆懦弱无能之群羊耳。故政客弄巧，国民无能为也；武人弄权，国民毋敢违焉。今日察吾国之大局，非一有政客武人而无国民之国乎？谁为为之？曰：仁政也，牧民政治也。牧民政治之和平，苟安而已。故今日欲得真正之和平，当一反吾国向日之所谓牧民政治。

牧民政治之反面，即平民主义是也（或曰民权主义）。平民主义，首以增进平民之能力知识为本，使人民咸成健全之个人，倡造进化的社会。于是一方以健全之个人、进化的社会，而为和平之保障；一方以个人之才智、社会之能力，而扫除强暴不良之政治。如此，则熙攘往来，咸与升平，真正之和平至矣。

欲得永久之和平，必以平民主义为基础。然欲自牧民政治而跃入平民主义，决非可苟且偷安而得者，则必自人人之奋斗始。故吾所谓和平者，奋斗之和平也；达此和平之教育，奋斗之教育也。

向日德国教育主义，与夫自德国采取而来之日本教育主义，即所谓军国民主义是也。然德国挟其军国教育而与世界宣战，卒败于酷爱平民主义之美国与其他协约国。美国总统威尔逊曰："吾美将牺牲一切，为正义而战，为世界平民主义求安全而战。"德军既挫，平民主义遂占胜势矣。

读者诸君乎！强国之道，不在强兵，而在强民。强民之道，惟在养成健全之个人，创造进化的社会。美国以七万五千之常备军，期年之间，集雄兵达四百万；运到法国者，每分钟计七人，每小时四百二十人，每日一万人。十一月十一日宣告停战之日，美军在法者约计二百万人。其征集、运输之神速，令人惊骇。此无他，其国民之个人强也，其社会之进化率高也。美国之兵，皆平民也，未入伍以前，或为教员，或为商人，或为官吏，或为富家子，或为佣工，或为农人。其学校，无军国民教育也；其陆军总长，文人也。既无所谓督军，更无所谓镇守使。然而个个皆良兵，人人皆勇士。非国民个人之强健，而孰能臻此乎？总统一文告，而全国青年，均赴选举区注册入伍，无敢稍后。一举公债，辄逾原额。主中馈者节省食料，大实业家弃职位而为政府效劳。国中工厂，尽听政府调度。学校男女儿童，或在庭前隙地种植，以增全国食料，或为红十字会服务，以助救济事业之进行。男子身赴前敌，女子代其职业；农场、工场，电车、铁路，女子均操男子之业。威尔逊曰："工人之队伍，其功与赴前敌之队伍同。工人之机械，犹来复枪也。无工人之机械，则来复枪亦将失其功用。"由此言之，奏凯旋之功者，非独兵士而已，全国国民与同功也。故和平云者，亦非独弭兵而已，全国国民与有责也。苟非个人健全、社会进化，则战时不足以制胜，平时亦不足以享受其幸福。故有健全之个人、进化的社会，则可战可和；无此，则战固不足恃，和平亦不足恃也。

和平之真义既明，而后始得言和平之教育。教育者，即达此和平目的之一方法也。欲图永久之和平，必先解决教育之根本问题。吾国昔日之教育，牧民政治之教育也。孟子曰："立庠序之教，所以明人伦也：父子有亲，君臣有义，夫妇有别，长幼有序，朋友有信。"又曰："人人亲其亲、长其长，而天下平。"近世西洋之教育，平民主义之教育也。曰自治也、独立也、自由平等也，发展个性，养成健全之个人也，皆所以增进个人之价值，而使平民主义发达而无疆也。此次世界大战之结果，平民主义已占胜势；世界潮流，且日趋于平民主义（如俄罗斯之革命、日本之内阁更迭，均为平民主义发达之结果。日本历来之内阁总理，均系贵族，此次原敬以士族而组阁，实为创例。友人之新自日本归者，为余言曰：“日本人民近数月间为世界潮流所感动，多倾向平民主义”）。故欲言和平之教育，当先言平民主义之教育；欲言平民主义之教育，当自养成活泼之个人始。其道维何？曰：

（1）养成独立不移之精神。

吾国青年最大之恶德有二：一委靡不振，一依赖成性。委靡不振，则遇事畏难，欲望减缩；事无大小，必无成功。依赖成性，则事事随人脚跟后说话，新事业之创造，必不可能矣。故必使具高尚之思想，凡事须进一步想，勇往直前，百折不挠，以是而养成独立不移之精神。此种青年愈多，则社会进化愈速。若夫垂头丧气，事事畏缩，岂所望于新教育所产生之青年哉！

（2）养成健全之人格。

曾文正曰：“身体虽弱，不可过于爱惜，精神愈用而愈出。”此言当有界限。夫逸居饱食，以养精神，则精神必僵；若但用精神，不强体力，则终亦必踣。况近世文明复杂，必非樗朽之体所能担当。回忆旧时同学之英俊，学成而夭折者，不可胜数。作者留外十年，返国访旧，乃大半已入鬼乡。以孱弱之身体，遇复杂之文明，不其殆哉！更念当时在外留学，十年之中，同学青年夭亡者，不过数人；卫生有道，非寿命也。体操也，网球也，野球、足球也，游泳、舞蹈也，皆所以延年之道也。球场、游泳池、舞蹈厅，到处皆是。彼国人士，群趋而游戏焉。野球比赛，举国若狂。其活泼运动之精神，贯彻于全国人民之生活。此实欧美个人健强社会进化之秘诀。而反观今日吾国则如何？其他且勿论，但以学界言之，日课以外，则无娱乐之地。好学者读书，读书愈多，而身体愈弱；不好学者玩扑克，扑克愈多，而志气愈消。读书过度，祸同扑克，臧谷亡羊，其失均也。

（3）养成精确、明晰之思考力。

甚矣，吾国人之不思也！凡遇一事，或出于武断，或奴于成见，或出于感情。故全国扰攘，是非莫衷。其断事也，不曰大约如此，则曰差不多如此。夫以大约如此、差不多如此之知识，而欲解决近世复杂文明之问题，其能不失败乎！某西人谓作者曰："差不多三字，误了中国人不少。人人以差不多为知足，故缺少精确之知识。试问中国人口几何乎？曰：差不多四万万。试问此处到彼处几里乎？曰：差不多五六里。其尤甚者，则视是非为差不多、公私为差不多。"此非全国人民共具一糊涂之头脑乎！以糊涂之头脑，解析中国之问题，其有不错乱纷杂者乎！故以教育方法解决中国之问题，当养成精确、明晰之思考力。欲达此目的，事事当以"何以如此"为前提。学校之中，当注重论理学、科学两者，以为思考之基础。记诵之学，非真教育也。

由上述来，欲养成健全之个人，则独立不移之精神，筋血充实之体格，思考精确之头脑，皆为至要。三者不具，虽有爱国道德等训练，终亦归诸无用而已矣。

个人强健，社会进化之基础也。非此则成一不关痛痒之社会，今日之中国是也。虽然，谋一国文明之进步，有从个人方面入手而间接及于社会者，有直接谋社会之进步而间接及于个人者。个人与社会，固相互为用者也。至若个人之存在，所以为社会乎？抑社会之存在，所以为个人乎？此又别一问题，姑置弗论（以个人之存在所以为社会者，德国及日本之人生观也；以社会之存在所以为个人者，英美两国之人生观也）。吾人但认谋社会进化，亦有直接之方法可也。以中国今日而论，直接谋社会进化之道，如之何其可乎？曰：

（1）改良起居。

中国起居之不良，凡稍吸外洋空气者，莫不知之。街道狭窄，居室不通空气，人居其间，得毋瘦弱枵朽乎！吾闻西人之论校舍也，甲说曰：校舍之壮丽，徒使贫家学生离校后，苦家庭之不良耳。乙说曰：学生在校养成起居清洁之习惯，离校后，知家庭起居之不良；长成独立时，必设法以改良之，此乃改进社会之良法也。大多数之教育家，皆以乙说为是。故欧美之建筑校舍，必取壮丽而舍简陋。学生在校时，藉以涵养心神，启发美德。离校后，藉以改良起居，为良子女之出产地。马湘伯先生演说曰："数十年前吾游日本，见其人民形容瘦弱；数年前再游日本，见其人民体力强壮；其理何在乎？曰：数十年前之儿童，其出产地为臭水沟也，为猪槛也；近年来之儿童，其出产地为花园也。试观上海人民，其黄皮瘦骨之形状，西人莫不谓中国人种之退化。此无他，我国儿童之出产地，为臭水沟也，猪槛也。"言之透彻，无以复加。或曰：校舍之不良，非不欲改良也，国家经费不足也。斯言也，骤闻之虽亦近似，然尚有他原因存焉。迂儒曲士，奴于草庐茅屋之旧见，以为讲学之地，无取壮丽。一般社会，盲从其说而附和之。故一有壮丽之校舍，出现于其地，即物议沸腾，斥为浪费。若是，办学者，其谁愿遭此物议乎！否则国家岁费数千万，以养无用之兵，而未尝有所吝惜，谁谓中国无钱乎！若以起居论，诸君不见上海静安寺路、霞飞路之西人住宅乎？树木阴翳，花草满庭，不疑若仙宫乎？然西人每日作事只八小时，事罢后，汽笛呜呜，汽车飞驰，往仙宫而息焉。吾国人自朝至晚，自元旦至除夕，一无休息。统一岁之勤劳，其所得尚不足以维持一清洁之家庭，而以臭水沟为子女之生产地，其故何耶？此足以深长思也。嗟夫！起居不良，皮黄骨瘦，精神疲倦，作事委靡。社会衰落，良有以哉！

（2）修筑道路，振兴实业。

道路，一国之血脉也。国无道路，则麻木不仁。美之治菲律宾也，修大道，筑铁路，全国之道路如蛛网也。日本之治台湾[1]、高丽也，亦以此为入手办法。以高丽而论，日政府之规划不遗余力：行政之大机关与大机关相联络，有一等道路也；中等机关与中等机关相联络，有二等道路也；小机关与小机关相联络，有三等道路也；市镇村落相联络，有四等道路也。菲律宾与台湾，固作者所未亲睹也，而高丽则曾一涉足其地矣。若较以中国之大，非有数万里之铁路，数百万里之道路，则必无发达之望也。

欲使社会发达，一面当修筑道路，一面振兴种种实业。如矿产也、森林也、制造也，皆为富国富民所必不可少之事业也。或曰：修筑道路，振兴实业，无一不须资本，中国贫极矣，将从何处以得资本乎？曰：外资可利用也。吾为此言，非欲鼓励借债，以充政客之私囊，以填军人之欲壑。盖以修道路、兴实业者，皆属生利之事业。因生利事业而借用外资，有何不可？或又曰：君言良是，然于我教育界何关乎？曰：不知国家基本问题者，不足与言教育也。教育非养成书呆子而已，将为社会造有用之材也。不知社会之需要者，其能为社会造人材乎！诸君请勿以咿唔呫哔为教育之终点！请各放开慧眼，向全国与世界一为视察！数间教室，非完全之教育场；数本教科

[1] 此处及后文均指日据时代的台湾。——编者注

书，非完全之教育资料也。

试观今日中国，学校之毕业生，无论习文学，习商科，习工科，在社会求一职业，不可得也。外洋毕业回国之学生，日益增多，欲求一适当之职业，难于登天。若欲于外国公司得一职位，如英美烟公司、美孚洋油公司、奇异电灯公司等，亦非易事。其服务于政府乎？则政府无若许之官职。故敢断言曰：中国如不修道路，不兴实业，则毕业生途塞；毕业生途塞，则为父母者对于教育子弟之热度必减。如是而欲中国教育之发达，将待之何时乎？

（3）奖进学术。

社会之进化，有两种根本也。曰物质上的，即改良起居、修筑道路、振兴实业是，前已言之矣。曰精神上的，即奖进学术是也。学术者，一国精神之所寄。学术衰，则精神怠；精神怠，则文明进步失主动力矣。故学术者，社会进化之基础也。今以吾国之学术而论，一曰无系统：周秦之学术，最有系统者，墨家也。而儒家最有系统之书，为《大学》。此宋儒之所以自《礼记》中分出，以独立为一书。宋儒求知识之方法，所谓致知格物者，均自此出。然与希腊诸哲之书相较，其系统之完密，则吾国远不如也。近世西洋学术之发达、科学之精密，皆导源于希腊学术之系统。盖学术之系统完密，而后知识得精确。孔子曰："工欲善其事，必先利其器。"此之谓也。由是言之，欲为中国求精确之知识，非改良学术之系统不为功。二曰太重应用。夫学术太重应用，则惟适合于社会之现况而止，不能再求真理，因是而国民乏进步之思想矣。作者尝以一小事而判中西人士思想之不同。比如以一物而赠西人，则必曰，此物甚有趣味；若以之而赠吾国人，则必曰，此物果何所用乎？盖西人之爱物，以有趣味为前提；吾国人之爱物，以有用为前提也。三曰太重古文字。专重古文字，则解者必少；解之者少，则知识不能普及；此为社会进化之障碍。侯官严氏之译《天演论》也，可谓译界杰作；然而能读而领悟之者，究得几何人？其能作此种文字者，则更有几何人乎？作者尝读英文原本之《天演论》矣，其文字之浅显，虽小学学生，亦能解读。而严氏矜尚古文，从事翻译，其得名重于一时，要亦迎合社会重古文字之心理耳。此种心理不改，则必使译者搁笔，将何所藉而输入新思想乎？欲改良以上诸缺点，第一，当讲论理学、科学之方法，盖此二者，学术系统之基础也。第二，提倡精神上之兴趣。夫应用二字，当以物质的或社会的用处为限。若夫精神上之兴趣，则以求得新理为愉快。新理愈多，则社会愈进化；而后始得言永久之应用。纽顿见苹果堕地而明地心之吸力，岂为应用哉！然而于物理上之应用正无穷也。笛卡尔之造微积分，岂为应用哉！然而于工程上之应用正无穷也。西洋种种新理之发明，出于精神上之兴趣者甚多。因有精神上之兴趣，故不以目前物质社会之应用为限。因有种种新理之发明，则新理日出，而后应用乃无穷。故精神之趣味，应用之源也；物质社会之应用，新理之流也。吾国数千年来，过重应用，迄今新理用尽，而源绝矣；源绝而流涸矣。杜威博士有言曰："太应用，则反不应用。"愿吾人三复斯言也。第三，革新文学。文学革新之方法，作者不敢于此短篇中武断之。然就教育方面言，知必先求言、文之接近。言、文接近，教育方能普及。八股敝，改策论；策论敝，将何改乎？文学革命乎，将来必澎湃全国，无可疑也。作者复有一言，为今日之著作家忠告曰：欲求学术之发达，必先养成知识的忠实。读者试观今日之出版物中，有明明抄袭而成也，则美其名曰著；明明转译自日文，而曰译自英文、法文或德文。夫对于金钱不忠实，不可以为商；对于行为不忠实，不可以为人。对于知识不忠实，其可以言学术乎？作者又为教育部忠告曰：教育部为全国教育界观感所系者也，当设种种方法，奖励学术，为全国倡。人民亦当结社研究，激发一般社会尊重学术之精神。学术兴，则中国之精神必蓬勃蒸发，日进无疆。

虽然，欲实行以上种种之政策，必有千万阻力，当于我前。必用全力奋斗，乃克有济，不可以苟安几也。以正义为先导，以养成健全之个人进化的社会为后盾，张旗鸣鼓，勇猛前进，此即所谓为和平而战也。战而胜，则平民主义由是而生存，真正和平由是而永保。和平与教育之关系，如是如是。

（八年一月，《教育杂志》）

什么是教育的出产品

——上海学术讲演之一部份

我们以前听了俾士麦说，德国的强盛，是小学教育的功，所以我们也来办小学，以为小学堂办几千个，中国就强了。后来听说日本的强盛，也从小学教育得来的，所以我们大家都信小学教育，好像一瓶万应如意酒、一粒百病消散丸，灵验无比，吃了就百病消散。小学学生现在也有三百多万了，哪知道社会腐败，比前一样，国势衰弱，比前一样，这是什么缘故呢？（据民国十八年度统计，全国小学及幼稚园的学生，已达八百九十万人。）

第一是人数太少。中国四四万人，若以五分之一入小学计算，须有八千万人。这三百多万，只能占百分之四，还有百分之九十六的儿童没有受教育，那里能够收小学教育的效果呢？第二是教育根本思想的误谬。我常常听见人说，学生是中国的主人翁，若是学生是中国的主人翁，谁是中国的奴隶呢？教育不是养成主人翁的。又有人说，教育是救国的方法，所以要小学生知道中国的危险，激发他们的爱国心，痛哭流涕的对小学生说，中国要亡了；这班天真烂漫的小学生，也不知中国是什么东西，只听得大人说“不好了”“要亡了”这些话，也就悲哀起来；弄得正在萌芽、生气勃勃的小孩子，变成枯落的秋草。

“主人翁”“枯落的秋草”两件东西，可算是我国办教育的出产品。

我们向来的教育宗旨，本来养成主人翁的。俗语说：“秀才，宰相之根苗”；向来最普通的小学教科书《神童诗》说：“朝为田舍郎，暮登天子堂。”我们又常常说：“范文正为秀才时，即以天下为己任。”个个秀才都要做宰相，个个田舍郎都想登天子堂，你看那里有这许多位置呢？

我们向来读书的宗旨，确是要把活活泼泼的人，做成枯落的秋草。科举的功效，把天下的人才都入了彀中；读书的结果，把有用的人都变成了书呆子。这不像枯落的秋草么？

主人翁，和枯落的秋草，本来是旧教育的出产品，也是新教育的出产品，不过方法不同罢了。

若以高一层论，读书是学做圣贤，王阳明幼时对先生说：“读书是学做圣贤。”若个个读书的人要做圣贤，国中要这许多圣人贤人做什么？我们现在的教育，还赶不上说这一层咧。

大学讲修身、齐家、治国、平天下，是中国教育的宗旨。到了后来，“规行矩步”“束身自好”算修身；“父为子纲”“夫为妇纲”“三从四德”等算齐家；愚民的“仁政”算治国。你看身那里能修、家那里能齐、国那里能治呢？

现在要讲修身，要养成活泼泼的个人；要讲齐家，要夫妇平等；爸爸不要把儿子视作附属品，儿子不要把爸爸做子孙的牛马；要讲治国，先要打破牧民政策，采用民治主义。

并要把个人和家的关系改变过，创造一个进化的社会出来。个人是社会的分子，不是单在家庭之中，做父亲的儿子、儿子的父亲、母亲的女儿、女儿的母亲、老婆的丈夫、丈夫的妻子，把家庭、国家，认作社会的两个机关，来发展个人和社会的幸福；不要用家庭、国家，来吞没个人，毁坏社会。

我们讲教育的，要把教育的出产品，明明白白，定个标准。预定要产什么物品，然后来造一个制造厂。不要拿来一架机器，就随随便便的来造物品。据我个人的观念，我们以前所产的“主人翁”“枯草”，和所产的宰相、圣贤，都是不对。我们所要产的物品，是须备三个条件的人。

（1）活泼泼地个人——一个小孩子，本来是活泼泼的。他会笑，会跳，会跑，会玩耍，近山就会上山去采花捕蝶，近水就会去捞水草、拾蚌壳、捕小鱼，近田就会去捕蝗虫、青蛙。他对于环境，有很多兴会。他的手耐不住的要摸这个、玩那个，脚耐不住的要跑到这里、奔到那里，眼耐不住的要瞧这个、那个，口关不住的要说这样、那样，你看如何活泼。我们办学校的，偏要把他捉将起来，关在无山、无水、无虫、无花、无鸟的学校里；把他的手脚绑起来，使他坐在椅上不能动；把他的眼遮起来，使他看不出四面关住的一个课堂以外；要他的口来念“天地元黄，宇宙洪荒”“人之初，性本善”，种种没意义的句子。现在改了“一只狗”“一只猫”“哥哥读书，妹妹写字”，这些话，就算是新式教科书了。还有讲历史的时候，说什么“黄帝擒蚩尤”这些话，小孩子本不识谁是黄帝，更不识谁是蚩尤。孩子听了，好像火星里打来的一个电报。还有叫他唱“陀，来，米，发，索，拉，西”的歌，叫他听“咿唎呜噜”响的风琴，不如小孩儿素来所唱的“萤火虫，夜夜红，给我做盏小灯笼"好得多。二十五块钱的坏风琴，不如几毛钱的笛和胡琴好得多。小儿的生长，要靠着在适当的环境里活动。现在我们把他送入牢监里束缚起来，他如何能生长。明代王阳明也见到这个道理，他说："大抵童子之情，乐嬉戏而惮拘检。如草木之始萌芽，舒畅之则条达，摧挠之则衰萎。今教童子必使其趋向鼓舞，中心喜悦，则其进自不能已。譬之时雨春风，沾被草木，莫不萌动发育，自然日长月化。若冰霜剥落，则生意萧索，日就枯槁矣。……若近世之训蒙稚者，日惟督以句读课仿，责其检束，而不知导之以礼；求其聪明，而不知养之以善；鞭挞绳缚，若待拘囚，彼视学舍，如囹狱而不肯入，视师长如寇雠而不欲见……是盖驱之于恶，而求其为善也，可得乎哉？"（《训蒙大意》）德国福禄培创教养儿童自然的法儿，他设了一个学校，用各种方法，使儿童自然发长；他不知道叫这学校做什么。一日，他在山中游玩，看见许多花木，都发达的了不得；他就叫他的学校做幼稚园（Kindergarten）。"Kinder"是儿童，"Garten"是花园。幼稚园的意思是"儿童的花园"，后来那知道渐渐变为"儿童的监狱"。我们把儿童拿到学校里来，只想他得些知识，忘记了他是活泼泼地一个小孩子；就是知识一方面，也不过识几个字罢了。

无论在小学里，或在中学里，我们要认定学生是本来是活的，他们的体力、脑力、官觉、感情，自一天一天的发展，不要用死书来把他们的生长力压住。我们都知道现在中学卒业的学生，眼多近了，背多曲了。学级进一年，生气也减一年。这是我们中国教育的出产品！

（2）能改良社会的个人——个人生在世上，终逃不了社会，所以社会良不良，和个人的幸福很有关系。若我但把个人发展，忘却了社会，个人的幸福也不能存在。中国办学的一个难处，就是社会腐败。这腐败社会的恶习，多少终带些入学校里来。所以学校里的团体，终免不了社会上一种流行的恶习，不过比较的好些罢了。学校是社会的镜子，在这镜子里面瞧一瞧，可以见得社会上几分的恶现象。不过学校里的生活，终比社会上高一层，所以学生可以有改良社会的一个机会。学校须利用这个机会，养成学生改良社会的能力。普通父母送子弟入学校的用意，是有两种希望。一种是为家庭增资产，以为“我的儿子”入了学校念了书，将来可以立身，为家增一个有用的分子。一种是为国家求富强，以为“我的儿子”求了学，将来可以为“拯世救民”的人才。第一种是家属主义的“余荫”，第二种是仁政主义的“余荫”。学校的宗旨，虽不与此两种希望相反对，但不是一个注重点。学校的宗旨，是在养成社会良好的分子，为社会求进化。社会怎样才进化呢？个人怎样来参加谋社会进化的运动呢？这两个问题，是学校应该问的。社会怎样才进化这个问题，我们可暂时不讲，个人怎样来参加谋社会进化的运动，是我们现在应该研究的。我想要学生将来参加改良社会的运动，要从参加改良学校社会的运动做起。我讲到此，不得不提起学生自治问题了。学生自治，可算是一个习练改良学校社会的机会。我们现在讲改良社会，不是主张有一二个人，立在社会之上，操了大权，来把社会改良。这种仍旧是牧民制度，将来的结果是很危险的。教育未发达以前，或可权宜用这个方法，如山西阎百川的用民政治。但这个办法，是人存政存、人亡政息，不是根本的办法。江苏南通将来的危险也在这里。所以我们赞许阎百川治晋是比较的，不是单独的。若以单独的讲起来，这种用民政治，仍是一种“仁政主义”“牧民政策”。我是很佩服阎百川的，我并不是批评他，但我希望他一面“用民”，一面不要忘了这是权宜之计，将来终要渐渐儿改到民治方面去才好。我常常对人说。江浙两省，是江南富庶之地、兄弟之邦，得了两个兄弟省长，为何不照阎百川的办法来干一干呢？这种事情不干，如浙江的齐省长，没有事做，看了学生的一篇文，倒来小题大作。我想一省的省长，那里有这种空功夫！

学生自治，是养成青年各个的能力，来改良学校社会。他们是以社会分子的资格，来改良社会；大家互助，来求社会的进化。不是治人，不是做主人翁；是自治，是服务。有人说，学生自治会里面，自己捣乱，所以自治会是不行的。我想自治会里边起冲突，是不能免的，这是一定要经过的阶级。况且与其在学校里无自治，将来在社会上捣乱，不如在学校中经过这个试验，比较的少费些时。

（3）能生产的个人——以前的教育，讲救国，讲做中国的主人翁，讲济世救民；最好的结果，不过养成迷信牧民政策的人才。不好的结果，自己做了主人翁，把国民当做奴隶；不来救国，来卖国；不来济世救民，来鱼肉百姓；到了后来，“只准州官放火，不许百姓点灯”。今后的教育，要讲生产，要讲服务，要知道劳工神圣。为什么要讲劳工神圣呢？因为社会的生产都靠着各个人劳力的结果，各个人能劳力，社会的生产自然就丰富了。假如大多数的人，都是“四体不勤，五谷不分”，社会怎样能生存呢？又如杜威先生说，希腊文化很发达，科学的思想也很发达，何以希腊没有物质科学呢？何以物质科学到十九世纪才发展起来呢？因为希腊人瞧不起做工的人。瞧不起做工，就不会试验；不会试验，就没有物质科学了。我们中国，素来把政治、道德两样合起来，做立国的中心，如孔子说的："为政以德，譬如北辰，而众星拱之。"如孟子说："王何必曰利，亦曰仁义而已矣。"都是道德和政治并提。我们的学校，也不外政治道德四个字，如孟子说："立庠序之教，所以明人伦也：父子有亲，君臣有义，夫妇有别，长幼有序，朋友有信。"几千年来的教育宗旨，都是一个"拯世救民"的仁政主义、牧民政策；今天以百姓当羊，来牧他；明天羊肥了，就来吃他。你看中国几千年的"一治一乱"，不是羊瘦牧羊、羊肥吃羊的结果么？现在我们假设百姓是羊，我们要羊自己有能力来寻草吃，不要人来牧；那么羊虽肥，不怕人来吃他的肉。这是讲句笑话罢了，我们那里可当百姓作羊？百姓都是活泼泼地人。我们把百姓能力增高起来，使他们有独立生产的能力，那要人来施仁政、来牧他们？

要能独立生产，要先会工作，要知道劳工神圣。美国教员联合会现在已加入劳动联合会。这是全国教师，承认教书也是劳工。凡有一种职业，为社会生产的，都是劳工。劳心、劳力，是一样的。"劳心者役人，劳力者役于人"，这两句话，实在有分阶级的意思在里面，未免把劳力的人看得太轻了。把以上的话总括说一句，教育要定出产品的标准，这标准就是：

活泼泼的、能改良社会的、能生产的个人。

（八年十一月，《新教育》）

教育思想的根本改革

（蒋梦麟先生在第二师范讲）

本文系钱君耕香所记，与上文根本意思相同，惟所言稍有增损。附录于此，以便参看。

今日为中华民国九年之第一日，也是上海四团体所组织的学术讲演会讲演的第一次。今日鄙人所讲的，为今日最重要问题——教育问题。以前学生同政府奋斗，想扫除那些政客武人；那末吾们国家的根本改革、根本发达，全赖我国的青年学生。所以这个问题，简直是吾们生死存亡的问题，也是青年学生最重要的问题。当教员的自然不可以糊糊涂涂过去；要是糊里糊涂做去，那是不得了。所以根本思想，必须完全考虑过才是。

大凡一个国家，终脱不了遗传的性质，不知不觉的流传下来。教育上也很多，例如“学生是中国的主人翁”。凡做学生的，往往有这种思想。但是试问那个来替你做奴隶呢？

还有我们办教育的，模仿性也太重了。《论语》上说“学而时习之”，朱子注“学之为言效也”，这明明教人模仿。不知不觉的流传下来，印入脑筋里，根深蒂固，所以到现在，还是这样。德国是办教育强的，所以吾们也办教育；日本是办教育强的，所以吾们也办教育。看教育好像万应如意油、百病消散丸，当教育为万能。然而吾们模仿他了，教育也办了，还是这样，还是不应、不如意，百病不消散。从这点看来，方才晓得有两个原因：

（1）受学的人少。假使我国人民有五分之一入学的，那末当有八千万。现在小学生不过三百万，只有百分之四；还有百分之九十六，都不受教育。那末那里还可以像如意油、万应消散丸的消灭百病？（据民国十八年度的统计，全国小学及幼稚园的学生，已达八百九十万人。）

（2）根本思想的错误。如错认学生为中国的主人翁，不知不觉的流露出来。浅近看起来，如从前私塾里念的《神童诗》上说："朝为田舍郎，暮登天子堂"，范文正的"以天下为己任"，都是教人做良相。这种思想遗传下来，到现在还没有消灭。进一步讲：读书做圣贤，那末一国中要许多圣贤来什么用呢？学生是主人翁，也是这样。还有一种：因为要爱国、救国，所以来办教育。他看了中国危险万分了，就教小孩子什么中国危险，什么不得了，好像向秋天的花说道："你不得了，要死了"，使小孩子变成一种枯的秋草。从前科举时代，使天下英雄，都入吾彀中，也是养成枯草式的、死的、消极的人才罢了。所以讲《神童诗》的教育，一方面养成登天子堂的思想；一方面养成书呆子。吾们天天讲教育，不过如是。吾在北京大学，看新入学的学生——中等学校毕业生——体育真不行。小孩子本来会跑会跳的，后来进学校，就不行了；眼有病了，要带眼镜了，背也曲了，肺也小了。这样办教育，将来真不堪设想呀。

现在要谋教育思想的根本改革，第一须改革出产品；学校好像机器，所以造就人才，好像制造出产品。出产品的改革如下：

（1）要养成活泼泼的、能自动的一个人，不应该使他成一个曲背、近视眼的一个人。以前欧洲的教育，也是如此。到了一八三七年，德国人佛洛培尔（Froebel），他看待学生，好像花草一样，任其自然长大的，但是没有名称题他的学校。后来他到一处山中，听着鸟鸣水流，看见许多花草，种种天然景致，他忽然连想到他的学校，就名他幼稚园（Kindergarten）（小孩子的花园）。现在吾国办教育，竟忘了 Kindergarten 的原意，简直把他当做监牢一样；好像一个很有景致的山，变成了一座童山；吾要叫他幼稚牢了。小孩子四五岁的时候，很活泼、很好动的；一进学校，就不许他动，不放他活泼，那末能力就消灭起来。用“天地玄黄”“人之初”教小孩子，知道不行了，就改用教科书，教“一只狗”“一只猫”；教历史，便是“黄帝擒蚩尤”，可惜那些小孩子，连黄帝是那个都不曾晓得。吾小的时候，记得唱“萤火虫，夜夜红，替我做盏小灯笼”。现在偏要唱“du ra mi……”买一具风琴。不但中国是如此，外国也有这样的情形。有一天，有一个小孩子，指着牛来问我是什么，我同他说“牛”。他说：“我们书里边图画里的牛没有那样大。这不是牛，这不是牛。”又有一个小孩子，拿一个橘子来给我，他说：“我送你一个地球。”（因为听见先生说地球像橘的圆）这种情形，都是四面墙壁的教室，监牢住的结果。明朝王阳明也晓得小孩子本来好动的，要像春风时雨样的滋长的；要是不许他动，那末读书的房子，便是监牢一样；教的人，像守牢的人一样。他本来好动的，现在不许他动，这便是“违天然”“杀国民”。所以吾们根本的改革，要养成活泼、自动的一个人。

（2）要养成他做一个有能力去改良社会的人。孟子说：“庠序之教，所以明人伦也……”《大学》上也说：“修身，齐家，治国，平天下。”所谓修身，规行矩步，不管闲事。所谓齐家，吾是亲的子，亲是吾的马牛。还有三从四德、三纲五常。这都是教一般学生，应该学的、应该守的。后来社会进化，有了学校，便送孩子到学校里去；但是他的宗旨：一能够掌理家事；二做主人翁。这两种心理，是根据着修身、齐家、治国、平天下来的。社会上所谓好教育，不过是希望有仁政主义、牧民主义的政策；有良相贤君来替你做事，算是恩德无量了。看历史上的一治一乱，无非是羊肥羊瘦的不同。羊的食，要靠他自己去寻的，而且人不是羊，那末牧民政策，还有存在的理由吗？现在的学生（将来社会的分子），是要改良社会的，要具改良社会的能力的，不是做什么主人翁的。所以学生要自治，使学校做成社会；教学生做学校社会的分子，去改良他的社会，养成改良社会的能力；教他出去做一个社会分子，能够改良社会。有人说：学生自治，学生自治，他们一味捣乱；那自治能力还没有，决不能放他自治的。但是这种现象，是必经的阶级，所以冲突、捣乱的事情，一定不免的；不过，与其到将来社会上去发见，不如在学校里使他经过这个经验和阶级。试验化学的人，决不能因瓶子爆破而不试验的。所以这种试验，一定要有，正所以打破几千年仁政主义、牧民主义的政策，来做改良社会的分子。这样看来，山西阎百川的治理山西，虽然很好，但是终不免“人存政举，人亡政息”的忧虑。吾希望他一方面姑作权宜之计；一方面养成民治的能力和精神，使他能够自治。吾们江浙两省，算是富饶之地，如果像山西那样办理，那是可佩服得很了。

（3）要有生产的能力。从前讲教育的，都不讲生产；所以孟子见梁惠王说：“王仁义而已矣，何必曰利！”因此读书的都耻谈利；因此政治、道德，就并谈起来。《论语》上说：“为政以德，譬如北辰，居其所而众星共之。”办教育的也提倡政治、道德，养成良相、圣贤。这种谬见，到现在还没有消除。学生们当然要能够改良社会，所以一定要使他们在社会上能够生产。丈人说孔子“四体不勤，五谷不分”。我们应当四体要勤，五谷要分。大家说劳工神圣：因为不劳工，社会上生产力要停顿的，要他一直生产下去，所以要劳工；因为不去劳工，社会上就没有生产，所以叫做神圣。十九世纪物质科学的发达，全赖劳工。杜威博士也说过：“希腊轻视劳工，所以物质科学不发达。”“劳工”两字，并非单指泥水匠、木匠……而言，做教员、做医生……的，都叫劳工。所以凡是为社会服务的，有生产能力的（包括劳心、劳力），都叫做劳工。从前人说：劳心者役人，劳力者役于人。这是阶级时代的思想，现在不行了。现在劳心者，也有役于人的；劳力者，也有役人的。做教员，是劳心者役于人的；华侨因劳力起家，开学校，办工厂，是劳力者役人。劳心、劳力，一样是劳工。美国教育会，现在都加入了工党。可知劳工，真不可再缺乏了。

（蒋先生本来预备讲“出产品的改革”和“方法的改革”两部，因时间不够，所以“方法的改革”只好待诸将来。又蒋先生这回的演讲，他说将来或者要写出来登在《新教育》杂志上或报上。那末这篇记得不详或背先生所讲的地方，尽有订正的希望。记者识。）

学生自治

（在北京高等师范演说）

今日为北京高等师范成立纪念日，并学生自治会成立的日子。我得这个好机会和北京高等师范的学生诸君谈学生自治的问题，我心里很快活。这个问题，杜威先生和蔡孑民先生，已经在我的先讲过了，我不知道能否在两先生讲的以外，加添些新意思。我想我们讲学生自治，要研究三个要点。

第一就是学生自治的精神——精神就是全体一致、到处都是的公共意志。这个公共意志的势力最大，凡团体有这东西在里边，一部分的分子，就会不知不觉的受他感化。自治的基础就在这里。这个精神就是自治的基础。没有这精神，团体的意志，就不能结合起来。里边的分子非但不能互助进行，而且要互相阻挠。团体解散，都是从这里生出来的。诸君要知道团体是一个有机体，譬如一个人，手足耳目口鼻，要和意志一致行动。若意志要看书，这眼去看了桌旁的一盆花；意志要讲英语，这口去操法语；意志要走，这脚偏不动；这岂不是变了一个疯子么？团体的精神，就是团体的意志。若分子不照这意志行事，这个团体就疯了。

所以团体结合的要素，不是在章程，是在养成一个共公的意志。换一句说，就是养成一个精神。在学校里面，我们亦叫他做“学风”。我们旧时办学校的，也时时讲这“学风”两个字。我国从前的太学生，在历史上很占重要的位置；他们聚了几万人伏阙上书的时候，虽很有权势的狠吏，也怕他们。因为他们都从“富贵不能淫，威武不能屈”的“学风”中培养出来的。

学生自治，并不是一种“时髦”的运动，并不是反对教员的运动，也不是一种机械性的组织。学生自治，是爱国的运动，是“移风易俗”的运动，是养成活泼泼地一个精神的运动。学生自治，要有一个爱国的决心、“移风易俗”的决心、活泼泼的勇往直前的决心。没有这种大决心，学生自治是空的，是慕虚名的，是要不得的。

第二是学生自治的责任——学生自治既不是一个空虚的美名，大家就要去干这自治的事业，大家就负了重大的责任。诸君，学生没有自治以前，学校学风不良，你们可以归罪教职员。学风不良，大家骂办学校的人，办学校的人也不能逃罪。若学生自治以后，教育不良，大家就可以骂学生。到那时候，诸君岂不是变了中国教育不良的罪人么？我们主张学生自治的人，也要受人唾骂，没有面目见“江东父老”了。我想学生自治，有四个大责任。(1) 提高学术程度的责任。现在我们中国学校程度太低，教员说：学生太懒惰，不肯好好求学。学生说：教员不好，不能循循善诱我们。这两边的话，都具一方面的真理。今日讲学生自治，我把教员一方面的责任暂时搁起来不讲。我想做教员的应该责备教员，做学生的应该责备学生，不要彼此互相责备。彼此互相责备，就是彼此逃责任，那就糟了。做学生的，先要从自己身上着想，自己问自己，自己的责任，是不是已经尽了；若还没有尽，不要责人家，先责自己罢了。这就是真正的自觉。学生对于学术方面，要有兴会，要想得透，要懂得彻底。不要模模糊糊的过去，过一天算一天，上一课算一课。照这样做去，那里能够提高学术呢？（2）公共服务责任。自治是自动的服务，是对于团体服务。自动的服务，是自己愿意服务，不是外面强迫的。本自己的愿意，对于团体做公益的事。这是有两方面：一方面是消极的，一方面是积极的。消极方面是个人不要对于团体做有害的事。积极方面是个人要做团体有益的事。消极方面就是自制，是削除乱源的办法。积极方面就是互助，是增进公共利益的办法。自治之中，自制和互助都不能少的。（3）产生文化的责任。学生自治团体，不是组织了以后，学校里不闹“乱子”就算满足了。自治团体，要有生产力。农人自治，要多生农产；工人自治，要多出工作；学生自治，要多产文化。多产文化的方法，就是多设种种学术研究团体。如演说竞争会、学生讲演会、戏剧会、音乐会，等等，互相研究，倡作种种事业。（4）改良社会的责任。学生事业，不仅在校内，要与社会的生活相接触。以学生所得的知识，传布于社会，作社会的好榜样，使社会的程度，渐渐提高。真正的自治，就是要有这四种的责任。诸君！自治不是好玩的事呀。

第三点是学生自治的问题——学生团体，是全校团体的一部分。学生团体所做的事，是全校负责任的。所以学生团体与学校中他团体有密切关系，要联络进行，共谋全校幸福。这就生出几种问题来。这几种问题不解决，将来恐生出种种阻力。(1) 学生个人和教职员个人或团体的问题。自治会成立后，学生个人行动，是否应受教职员的干涉？我说学生个人行动不当，不但教职员当干涉，学生团体亦当干涉；学生团体不干涉个人不当的行动，这自治就破坏了。所以学生团体不但要去干涉他，而且要教职员大家帮忙，共同维持全校的名誉。(2) 学生团体和教职员个人的问题。学生团体，应该欢迎教职员的忠告。诸君！要知道教职员和学生，同是谋全校幸福的一分子。(3) 学生自治团体和教职员团体的问题。这个问题比较以前两个问题复杂不少。将来的问题，恐怕都从这里生出来的。活泼有精神的自治会，必欢喜多干事，范围必渐渐儿扩大。那时因这个范围问题，就会和教职员的团体发生冲突。有一件事发生，学生团体说，这是在学生团体的范围内的，教职员团体说，这是在教职员团体的范围内的。此时两方面各要平心静气，推诚布公，把这个问题大家来讨论；讨论有了结果，然后来照行。不要因一时之愤激，生出许多无谓的误会。两个团体之间，凡有一个问题发生，终要照这个办法来做，行了一二年，范围就定了，学生自治的机关就稳固了。有了精神，知道了责任，又能平心静气来解决问题，学生自治会没有不发达的道理。

（八年十月，《新教育》）

我们对于学生的希望

（本文是胡适之先生和我共同发表的，由胡先生起草）

今天是五月四日。我们回想去年今日，我们两人都在上海欢迎杜威博士，直到五月六日方才知道北京五月四日的事。日子过的真快，匆匆又是一年了！

当去年的今日，我们心里只想留住杜威先生在中国讲演教育哲学；在思想一方面提倡实验的态度和科学的精神，在教育一方面输入新鲜的教育学说，引起国人的觉悟，大家来做根本的教育改革。这是我们去年今日的希望。不料时势的变化大出我们意料之外，这一年以来，教育界的风潮几乎没有一个月平静的；整整的一年光阴就在这风潮扰攘里过去了。

这一年的学生运动，从远大的观点看起来，自然是几十年来的一件大事。从这里面发生出来的好效果，自然也不少：引起学生的自动精神，是一件；引起学生对于社会、国家的兴趣，是二件；引出学生的作文演说的能力、组织的能力、办事的能力，是三件；使学生增加团体生活的经验，是四件；引起许多学生求知识的欲望，是五件。这都是旧日的课堂生活所不能产生的，我们不能不认为学生运动的重要贡献。

社会若能保持一种水平线以上的清明，一切政治上的鼓吹和设施、制度上的评判和革新，都应该有成年的人去料理；未成年的一代人（学生时代之男女），应该有安心求学的权利，社会也用不着他们来做学校生活之外的活动。但是我们现在不幸生在这个变态的社会里，没有这种常态社会中人应该有的福气；社会上许多事被一班成年的或老年的人弄坏了，别的阶级又都不肯出来干涉、纠正，于是这种干涉、纠正的责任遂落在一般未成年的男女学生的肩膀上。这是变态的社会里一种不可免的现象。现在有许多人说学生不应该干预政治，其实并不是学生自己要这样干，这都是社会和政府硬逼出来的。如果社会、国家的行为没有受学生干涉、纠正的必要，如果学生能享安心求学的幸福而不受外界的强烈刺激和良心上的督责，他们又何必甘心抛了宝贵的光阴，冒着生命的危险，来做这种学生运动呢？

简单一句话：在变态的社会、国家里面，政府太卑劣、腐败了，国民又没有正式的纠正机关（如代表民意的国会之类）。那时候，干预政治的运动，一定是从青年的学生界发生的。汉末的太学生、宋代太学生、明末的结社、戊戌政变以前的公车上书、辛亥以前的留学生革命党、俄国从前的革命党、德国革命前的学生运动、印度和朝鲜现在的运动、中国去年的五四运动与“六三”运动，都是同一个道理，都是有发生的理由的。

但是我们不要忘记：这种运动是非常的事，是变态的社会里不得已的事，但是他又是很不经济的不幸事。因为是不得已，故他的发生是可以原谅的。因为是很不经济的不幸事，故这种运动是暂时不得已的救急的办法，却不可长期存在的。

荒唐的中年、老年人闹下了乱子，却要未成年的学生抛弃学业，荒废光阴，来干涉、纠正，这是天下最不经济的事。况且中国眼前的学生运动更是不经济。何以故呢？试看自汉末以来的学生运动，试看俄国、德国、印度、朝鲜的学生运动，那有一次用罢课作武器的？即如去年的“五四”与“六三”，这两次的成绩可是单靠罢课作武器的吗？单靠用罢课作武器，是最不经济的方法，是下下策；屡用不已，是学生运动破产的表现！

罢课于旁人无损，于自己却有大损失，这是人人共知的。但我们看来，用罢课作武器，还有精神上的很大的损失：

（1）养成倚赖群众的恶心理。现在的学生很像忘了个人自己有许多事可做，他们很像以为不全体罢课便无事可做。个人自己不肯牺牲，不敢做事，却要全体罢了课来呐喊助威，自己却躲在大众群里跟着呐喊，这种倚赖群众的心理是懦夫的心理！

（2）养成逃学的恶习惯。现在罢课的学生，究竟有几个人出来认真做事？其余无数的学生，既不办事，又不自修，究竟为了什么事罢课？从前还可说是“激于义愤”的表示，大家都认作一种最重大的武器，不得已而用之。久而久之，学生竟把罢课的事看作很平常的事。我们要知道，多数学生把罢课看作很平常的事，这便是逃学习惯已养成的证据。

（3）养成无意识的行为的恶习惯。无意识的行为，就是自己说不出为什么要做的行为。现在不但学生把罢课看做很平常的事，社会也把学生罢课看做很平常的事。一件很重大的事，变成了很平常的事，还有什么功效灵验？既然明知没有灵验功效，却偏要去做；一处无意识的做了，别处也无意识的盲从。这种心理的养成，实在是眼前和将来最可悲观的现象。

以上说的是我们对于现在学生运动的观察。

我们对于学生的希望，简单说来，只有一句话："我们希望学生从今以后要注重课堂里、操场上、课余时间里的学生活动，只有这种学生活动是能持久又最有功效的学生运动。"

这种学生活动有三个重要部分：

一、学问的生活；

二、团体的生活；

三、社会服务的生活。

第一，学问的生活。这一年以来，最可使人乐观的一种好现象，就是许多学生于知识、学问的兴趣渐渐增加了。新出的出版物的销数增加，可以估量学生求知识的兴趣增加。我们希望现在的学生充分发展这点新发生的兴趣，注重学问的生活。要知道社会、国家的大问题决不是没有学问的人能解决的。我们说的"学问的生活"并不限于从前的背书、抄讲义的生活。我们希望学生——无论中学、大学——都能注重下列的几项细目。

（1）注重外国文。现在中文的出版物实在不够满足我们求知识的欲望，求新知识的门径在于外国文。每个学生至少须要能用一种外国语看书。学外国语须要经过查生字、记生字的第一难关。千万不要怕难。若是学堂里的外国文教员确是不好，千万不要让他敷衍你们，不妨赶跑他。

（2）注重观察事实与调查事实。这是科学训练的第一步，要求学校里用实验来教授科学。自己去采集标本，自己去观察、调查。观察、调查须要有个目的，例如本地的人口、风俗、出产、植物、鸦片烟馆等项的调查；还要注重团体的互助，分功合作，做成有系统的报告。现在的学生天天谈“二十一条”，究竟“二十一条”是什么东西，有几个人说得出吗？天天谈“高徐济顺”，究竟有几个指得出这条路在什么地方吗？这种不注重事实的习惯，是不可不打破的。打破这种习惯的唯一法子，就是养成观察、调查的习惯。

（3）建设的促进学校的改良。现在的学校课程和教员一定有许多不能满足学生求学的欲望的。我们希望学生不要专做破坏的攻击，须要用建设的精神，促进学校的改良。与其提倡考试的废止，不如提倡考试的改良；与其攻击校长不多买博物标本，不如提倡学生自己采集标本。这种建设的促进，比教育部和教育厅的命令的功效大得多咧。

（4）注重自修。灌进去的知识、学问是没有多大用处的。真正可靠的学问都是从自修得来。自修的能力是求学问的唯一条件。不养成自修的能力，决不能求学问。自修应注重的事是：①看书的能力；②要求学校购备参考书报，如大字典、词典、重要的大部书之类；③结合同学多买书报，交换阅看；④要求教员指导自修的门径和自修的方法。

第二，团体的生活。五四运动以来，总算增加了许多学生的团体生活的经验。但是现在的学生团体有两大缺点：（1）是内容太偏枯了；（2）是组织太不完备了。内容偏枯的补救，应注意各方面的“俱分并进”。

①学术的团体生活，如学术研究会或讲演会之类。应该注重自动的调查、报告、试验、讲演。

②体育的团体生活，如足球、运动会、童子军、野外幕居、假期游行，等等。

③游艺的团体生活，如音乐、图画、戏剧，等等。

④社交的团体生活，如同学茶话会、家人恳亲会、师生恳亲会、同乡会，等等。

⑤组织的团体生活，如本校学生会、自治会、各校联合会、学生联合总会之类。

要补救组织的不完备，应注重世界通行的议会法规（Parliamentary Law）的重要条件。简单说来，至少须有下列的几个条件：

①法定开会人数。这是防弊的要件。

②动议的手续，与修正议案的手续。这是会议法规里最繁难又最重要的一项。

③发言的顺序。这是维持秩序的要件。

④表决的方法。a. 须规定某种议案必须全体几分之几的可决，某种必须到会人数几分之几的可决，某种仅须过半数的可决。b. 须规定某种重要议案必须用无记名投票，某种必须用有记名投票，某种可用举手的表决。

⑤凡是代表制的联合会——无论校内校外——皆须有复决制（Referendum）。遇重大的案件，代表会议的议决案必须再经过会员的总投票；总会的议决案必须再经过各分会的复决。

⑥议案提出后，应有规定的讨论时间，并须限制每人发言的时间与次数。

现在许多学生会的章程只注重职员的分配，却不注重这些最紧要的条件，这是学生团体失败的一个大原因。

此外还须注意团体生活最不可少的两种精神：

①容纳反对党的意见。现在学生会议的会场上，对于不肯迎合群众心理的言论，往往有许多威压的表示，这是暴民专

制，不是民治精神。民治主义的第一个条件就是要使各方面的意见都可自由发表。

②人人要负责任。天下有许多事都是不肯负责任的“好人”弄坏的。好人坐在家里叹气，坏人在议场上做戏，天下事所以败坏了。不肯出头负责任的人，便是团体的罪人，便不配做民治国家的国民。民治主义的第二个条件是人人要负责任，要尊重自己的主张，要用正当的方法来传播自己的主张。

第三，社会服务的生活。学生运动是学生对于社会、国家的利害发生兴趣的表示，所以各处都有平民夜学、平民讲演的发起。我们希望今后的学生继续推广这种社会服务的事业。这种事业，一来是救国的根本办法，二来是学生的能力做得到的，三来可以发展学生自己的学问与才干，四来可以训练学生待人接物的经验。我们希望学生注意以下各点：

（1）平民夜校。注重本地的需要，介绍卫生的常识、职业的常识和公民的常识。

（2）通俗讲演。现在那些“同胞快醒，国要亡了”“杀卖国贼”“爱国是人生的义务”等空话的讲演，是不能持久的，说了两三遍就没有了。我们希望学生注重科学常识的讲演、改良风俗的讲演、破除迷信的讲演。譬如你今天演说“下雨”，你不能不先研究雨是怎样来的，何以从天上下来；听的人也可以因此知道雨不是龙王、菩萨洒下来的，也可以知道雨不是道士、和尚求得下来的。又如你明天演说“种田何以须用石灰作肥料”，你就不能不研究石灰的化学，听的人也可以因此知道肥料的道理。这种讲演，不但于人有益，于自己也极有益。

（3）破除迷信的事业。我们希望学生不但用科学的道理来解释本地的种种迷信，并且还要行破除迷信的事业。如求神合婚、求仙方、放焰口、风水等迷信，都该破除。学生不来破除迷信，迷信是永远不会破除的。

（4）改良风俗的事业。我们希望学生用力去做改良风俗的事业。譬如女子缠足的，现在各处多有。学生应该组织天足会，相戒不娶小脚的女子。不能解放你的姊妹的小脚，你就不配谈“女子解放”。又如鸦片烟与吗啡，现在各处仍旧很销行。学生应该组织调查队、侦探队，或报告官府，或自动的捣毁烟间与吗啡店。你不能干涉你村上的鸦片、吗啡，你也不配干预国家的大事。

以上说的是我们对于学生的希望。

学生运动已发生了，是青年一种活动力的表现，是一种好现像，决不能压下去的，也决不可把他压下去的。我们对于办教育的人的忠告是：“不要梦想压制学生运动；学潮的救济只有一个法子，就是引导学生向有益、有用的路上去活动。”

学生运动现在四面都受攻击，“五四”的后援也没有了，“六三”的后援也没有了。我们对于学生的忠告是：“单靠用罢课作武器是下下策，可一而再、再而三的么？学生运动如果要想保存‘五四’和‘六三’的荣誉，只有一个法子，就是改变活动的方向，把‘五四’和‘六三’的精神用到学校内外有益、有用的学生活动上去。”

我们讲的话，是很直率，但这都是我们的老实话。

（九年五月，《新教育》）

社会运动与教育

旧历元旦无事，我忽然想到天津学生的惨剧。于是联想到我于一月十八日，对他们的演说。那天到的男女青年很多，他们满堂活泼泼的笑容，犹在我心目中。我觉得很有一种感触，就握了笔，把当时的演说写出来，作一个纪念。

九年二月二十日

文化运动有两方面：（1）是传布学术和思想，但学术思想，是限于知识阶级的，是局部的。（2）是社会运动的教育，这是提高社会程度的方法，对于受不到普通教育的平民，给他们一种教育。

现在我们大家称赞欧美的普及教育，我们都知道欧美社会进化，是从普及教育里来的。但我们研究西洋教育史，知道这教育普及，是从社会运动的教育里面化生出来的。

当十八世纪的时候，英国教育状况，也和中国差不多。那个时候，英国工业、矿业，尚未发达，工价低贱；全国六分之一的人民是做劳力的，穿破衣，住茅屋，蠢如鹿豕。有了几个普通学校，多被政治、宗教上的变动摧残了。所以苦百姓的儿女完全没有受教育的机会，这班平民完全不知道教育的价值。于是慈善家捐了钱，来开学校。十年之中，伦顿[1]十里路内，开了八十八个学校，男女学生有了三千多人。又是十年，英国全国，有慈善学校一千二百所，学生男女有了二万七千人。后来逐渐增加，学校之数，有了二千所，学生男女五万人。课程是识字、宗教、道德、算术、清洁等科。这慈善团体的主持人是教会。他们组织了一个会，叫做宗教知识传布会。他们的宗旨，原来是传布宗教；但做一个好人，须有一种知识，所以同时也授识字、算术等课。这种带宗教气味太盛的学校，后来渐渐变了无生气的，所以另外有一个团体起来，叫做全国贫民教育促进会。他们所办的学校，课程虽也不十分适当，但是因此打定了普及教育的基础。可见现在普及教育，是由贫民学校产出来的。因为政府和人民，见了教育有些益处，大家想到普及教育的有用处。几千个慈善学校，有这样好处，若是全国办普及教育，他的益处，不更大么？我们现在讲教育普及的人，要谢谢当时的慈善团体。

这种慈善学校，美国后来也仿办。美国普及教育的基础，就是这种学校。法国见了英国的办法，也来仿行。十八世纪的下半，可算是慈善学校发生的时代。

慈善教育的结果，是增进劳动阶级的知识、引起普及教育的意义、社会运动的教育中最要紧的一件事。

以上所说的，是社会运动的教育之历史。十九世纪欧美的社会进步，靠这种教育的力不少。以美国而论，现在教育终算是普及了，但美国人还是注意社会运动的教育——改良社会非正式的教育。——美国纽约城，人民有了五百万，贫苦的百

[1] “伦顿”，今译为“伦敦”。——编者注

姓，自然很多；贫家的小孩子，虽受了小学教育，但十四岁就离学校了，他们的知识有限的；还有欧洲来的工人——从社会不十分进化的如意大利、希腊、俄罗斯等国来的移民——多数不但不识字，而且讲不来英语，所以纽约慈善团体，和市政府，在贫苦区域内设立夜学，教育他们。还有大学之中，设立夜班，使一般平民可以听讲。

美国多数的大学，有校外教育，在城市中设学，讲演时事，和商业上应用的知识和技能。农科大学，备有火车，陈设演讲材料，如图画、标本、农事化学试验种种，到乡间演讲农事知识，如农民卫生等科。医科大学设卫生陈列所，以便一般人民参观，传布卫生知识于社会。

讲起这社会运动的教育问题，头绪觉得很纷繁，有许多是应该由慈善团体办的，有许多是应该由政府办的，还有许多应该由高等以上学校办的。我今日单讲置身文化运动的学生，可以做应该做的事。

中国实业不发达，工价低贱，平民的子弟，实在没处受教育，还有那年长失学的人，没有机会入正式的学校受教育；现在做学生的，可以给他们想个法儿。

我想有三个具体的办法，可以供诸君参考：

（1）借学校里的校舍，来开夜班。学校校舍，晚间用处不多，把他空在那儿，岂不是不经济么？学生可以把不用的课堂借来，办个平民夜学。如北京大学，学生会办了一个平民夜学，就在第二院的课堂作讲堂，现在学生有五百多人，男女都有；最幼的是七岁，最大的也有三十多岁的。教员就是大学学生，教科书由大学学生捐钱买的。这不过举一个例，其余学堂开办夜校的，也有好几处。

（2）学生合商界合办。由商铺子捐钱，出房租、器具、油火、书籍等费。房子不妨简陋，空气流通就是了。器具如桌椅等件，亦不妨简单，适用就是了。所费无几，开办费一百元，每月费用十余元，就可办能容二三十人的一个夜校。如有公共地方，如祠堂、庙宇可借最好。学生，每人每晚授课一小时，两个人就可以办一个夜校。

（3）开游艺会筹款，充房租、器具、油火、书籍等费（我写这篇文的时候，听说北平的医学专门学校学生，正在开医学展览会，为平民夜校筹款，入场券每张售铜元二十枚）。

（4）组织社会进化促进团。集三个同志，就可组织一团，共同办一个夜校，轮流教授。三人中每人须劝三个朋友另组一团，就另生了三团。三团生九团，九团生二十七团。以此类推，推广很速。不久就布满全国。

我们要讲文化运动，纵、横两方面须并进。传布学术思想，是为一般知识阶级的人增进学识，这是纵的。社会运动的教育，是为一般平民得一种应用的知识，这是横的。纵的一方面，是提高；横的一方面，求普及。提高与普及，都是社会进化不可少的事。若要实行德谟克拉西，要从社会运动的教育着手。没有这种教育，文化运动就渐渐儿会变成纸上运动。即使不变成纸上运动，就会养成知识阶级一部份的势力，平民得不着好处。

社会的进化，不是少数知识阶级的人，能够做到的；要老百姓大家进步，方才能做到。一个社会里边，少数的人，天天讲文化；多数的人，不知道地球是方的或是圆的；一个社会里有了两个世界，彼此不通声气，社会怎样能进化！

从十八世纪起，社会的进化，是从下层动起来的。下层的平民动了，上层的贵族就站不住。譬如一座屋子，基础动了，上面的梁柱壁瓦都纷纷倒下来。知识阶级的人呀，你们作了社会的上层，将来下层的苦百姓都动起来，你们就站不住脚。

俄国贵族和知识阶级的人，都很有学问。但普通百姓，差不多都没有受过教育的。这班普通百姓，现在都动起来了。贵族和知识阶级的人，都被他们推翻。所以现在俄国的变动，真是百姓全体的变动；中国的变动，还是限于知识阶级一部分。四万万人民中，有三万九千万还不知道有什么一回事；其余一千万中，有固执不化的，有关了门不管闲事的，有若知若不知的，有一味盲从的。现在全国学校的学生，据教育部报告，计四百二十九万人，内中等以上学校的学生约计五十万人。此五十万大、专、中三种学校的学生，实为文化运动的中心。以全国人口数比较起来，八百人中只有一人。照此看来，一个学生，负了教育八百人的责任，这是办不到的。我但愿一个学生负教育十五个人的责任；全国人民中，就有七百五十万人受益处，岂不是一件好事？

欧美先进诸国，百人中有二十五人在学校里求学；我国百人中只有一人。以国中不识字的人而论，英、美、德、法四国中，最多是英，百人中计十三人半；最少是德，一百人中计三人（均以入伍者计算）；美百人中计七人又小数七（以十岁以上人口统计）；法百人中计三人半（以入伍者计算，若以十岁以上人口计算，百人中当得十四人又小数一）。

其余进化较迟的国，如奥国百人中不识字的人数计二十六人有奇。意大利百人中计四十八人有奇。俄罗斯百人中计七十人。葡萄牙百人中计七十三人有奇。亚洲俄罗斯百人中计八十七人有奇。印度百人中计九十二人又小数五。埃及百人中计九十二人又小数七。（以上均以十岁以上人口计算）中国不识字的人数，百人中有几人，既无表册可据，无从推算。查印度三年前（1917 年）教育报告，全国有学生七百八十万人，以印度人口二万四千四百万计算，百人中在学者计三人有奇；而中国在学人数，百人中只占一人。照此看来，中国教育之推行，其广还不及印度。吾国识字的人，虽不必尽从学校里来的，但可见教育不普遍的一斑了。

我们推度起来，中国不识字的人数，大概在俄国和印度之间（中国不识字的人，想比印度为少，因以前科举的影响，现在的私塾，都是我国教育的特殊情形。据南京高等师范陶知行君调查南京私塾学生数，实比公学学生数为多。故以教育部报告来定中国在学学生数，有些靠不住），百人中大概有八十人至九十人不识字。不识字的人这样多，社会进化，从什么地方发出呢？

我们现在就算我国百人中有十五人识字；这十五人中，能够识字，不能看文的算他有五之四；能够看文而不能写文的又算其余的三之二；这样看来，能够看文的人，百人中不过二人，全国不过八百万人（此以白话文而论，若以文言为准，尚不及此数）。这八百万人中，有多少喜读新出版物的人呢？现在全国讲新文化的出版物，约有四百多种；每种平均销一千份，计有四十万份。每份读的算他是三人，计一百二十万人。八百万能读文的人，只有一百二十万人，受着文化运动的影响。若以能读文的人数计算，百人之中只有十五人。若以全国人口计算，千人之中只有三人。所以从全国人口数计算起来，这传布学术思想的势力，还觉得太小。我们大家可以不注意社会运动的教育么？

（九年二月，《新教育》）

学风与提高学术

我们办教育的人，近来真觉得日暮途穷了。从前我们以为政治不良，要从教育上用功夫，养成人材，去改良政治。近年以来，政治愈趋愈纷乱，教育界经济上和心理上，都因此受莫大打击，不但经济破产，精神上破产的征象，已渐渐暴露了。于是数年前“只讲教育，不谈政治”的迷信，渐渐儿打破。

学生借群众的势力，去干涉政治——如烧房子、围省议会、开国民大会等等——教员批评政治，或发通电对于政治有所主张。此种举动，于实际政治问题，不无小小的影响，但对于政治基本问题，还搔不着痒。若以学校本身而论，因此反惹起外患和内乱。我们办教育的人，更觉苦于应付。

现在教育界正处于刚才所讲的困难地位中。学校之中，人心惶惶。数年前勇往直前的精神，为沉闷不堪的空气所包围，好像一轮红日，为黑沉沉的云雾所围绕，弄得一点不通光了。

教育界这三年来，所用于自卫或攻击的武器，只有一件，就是罢课。但这件武器，一用再用，再而三，三而四，已破烂不堪，不能再用了。杀人不下，近来竟用以自戕了。武器破烂，教育自卫之道，从此穷矣。

自卫之道既穷，于是沉闷之气，日甚一日。近来又发现了一件很困难的事，即是“学风”问题。

什么叫“学风”呢？一个学校里，教员、学生，共同抱一种信仰，大家向那所信仰的方面走。前清时代，这个“学风”就是欧化。一个学校里，能多请几位外国人，或多请几位洋文优长的教员，多造几座洋房，大家就高兴的了不得。自民国六七年间至九年，大家所抱的信仰，就是“文化运动”。那个时候，讲起“文化运动”，大家都抱无穷的希望。现在又渐渐儿消灭了，那里还能以“文化运动”四个字来唤起精神？究竟我们共同的精神在那里？这个问题，实在无人能作一个正确的答复。

现在我们所能勉强提出的一个办法，就是“提高学术”。但这办法，实行很不容易。一来是提高学术，不是短促时期内所能办得到的。二来是不能马上用来出风头。三来是要在图书馆、试验室里用苦功，那里能耐烦呢！所以要把“提高学术”来唤醒精神，养成一个学术化的学风，谈何容易。

况且“学术”两字，是太抽象了。那一种学课，不是学术，要提高那一种？说“提高学术”，好像说“要做好人”。好人是人人愿意做的，不过要怎么样做，便成“好人”？就是一个困难的答案了。又好人的种数正多呢，要做那一种好人？这又是一个困难的答案。学术也如此。提高学术，人人所欢迎的。怎么样提高？要提高那一种？普通的谈提高，是唤不起精神来的。学术在一个时代内，有比较的价值。非提出一种学术来，作一个普遍的运动，唤起多数的兴会，怪闷的在图书馆中坐不住的。如十九世纪初，德国大学之人文主义运动，当时哲学、文学、教育学说，都受他的影响。十九世纪中英国之科学运动，因此生产了社会科学。

我们应该把什么学术，来做教育界共同的大运动？我们尚找不着。所以大家沉闷。

以前的旧书院，倒有一种学风。虽因时势变迁，旧书院都死了；但现在的学校，竟像一种不中不西的杂货店，那里还有学风呢！

现在不中不西的学校，好像市上所卖的新式西洋椅，既无洋椅之舒服，又无旧式太师椅之美观和坚固。画虎类犬，我们还说在这种学校里培植人材。

唉！为什么高谈阔论！我们那一种残缺不全的学校，今年还过不了年。经费没有了。没有经费，那有设备？学生那有书看？教员那有机会增进自己的学问？说什么提高学术！

政治腐败，我们那里能不谈政治；既谈政治，教育界那里能不遭政客的摧残、仇视、利用。即退一步，我们可不谈政治，然而那里能不主张公道？主张公道，那不公道的一班人，就与我们捣乱。

这种捣乱，也不要紧，不过多加一层麻烦罢了。到底我们本身问题，还在提高学术上用功夫。提高学术，第一要工具，第二要人材。人材就是专门学术上之导师，工具就是学校的设备——如图书、仪器等——学校无适当的设备，先生口授，学生耳听，限学术于口耳之间，那里配说是学术。

设备要有经费去办，学术上的导师要有经费去养他，没经费怎么办得动。设备不完，人材不够，那里配讲学术。

（十一年十二月二日，北京《晨报副刊》，

原题《晨报四周纪念日之感想》）

教育与职业

教育，一方法也。以此方法而解决国家、社会、个人、职业种种之问题者也。教育而不能解决问题，则是教育之失败也。故必先有问题而后有教育。无问题而言教育，则凿空而已矣。国家有问题，故有国家教育。社会有问题，故有社会教育。个人有问题，故有个人教育。职业有问题，故有职业教育。教育为方法，国家为问题，则曰国家教育。教育为方法，社会、个人为问题，则曰社会教育、曰个人教育。教育为方法，职业为问题，则曰职业教育。

故职业教育无他，提出职业上种种问题，而以教育为解决之方法而已。

职业之界说——职业，英文曰"Vocation"，言操一技之长，而借以求适当之生活也。例如制鞋，技也；以制鞋而求生活，则此制鞋即职业也。制机器，技也；以制机器而求生活，则此制机器即职业也。植果木，技也；以植果木而求生活，则此植果木即职业也。能簿记，技也；以簿记而求生活，则此能簿记即职业也。洗衣，技也；以洗衣而求生活，则此洗衣即职业也。制机器，工之一也，聚类此者而概言之曰工业。植果木，农之一也，聚类此者而概言之曰农业。簿记，商之一也，聚类此者而概言之曰商业。洗衣，家政之一也，聚此类而概言之曰家政。农、工、商、家政四者，职业中之四大类，欧美各国所公认者也（按法国尚有航业一类）。凡职业中所发生种种问题，不外乎此四大类。故言职业教育，有（1）农业教育、（2）工业教育、（3）商业教育、（4）家政教育之分。

高等专门与职业——凡卒业于大学而得一技之长，借以求适当之生活者，曰高等专门，英文曰“Profession”，本亦职业之一部分。然近今所谓职业教育者，中等程度以下为限，大学不与焉。

学校与职业——学校为推行教育之机关，故即为间接解决国家、社会、个人、职业及种种问题之机关。学校非专为职业而设，举学校而尽讲职业教育，则偏矣。职业教育为二十世纪工业社会之一问题，吾国青年之立身，国家之致富，多是赖焉。举学校而尽排除职业教育，则偏矣。吾辈今日所欲研究之问题，非谓因提倡职业教育，将取文化教育（Cultural Education）而代之也。不过以文化教育，有不能解决之问题，提倡职业教育，希有以解决之耳。若社会无职业之必要，青年受文化教育而即有谋生之能力，则所谓职业教育者，特赘旒耳。又何提倡之足云？

学校，一中心点也。社会所呈之种种问题，环而拱之，咸欲入其门墙，以求解决之方。为彼学校者，处今日复杂之社会，而遇种种不解之问题，其困难之状况，概可想见。然不能以学校已处困难之地位，而置重要问题于不顾。

文化教育与职业教育——今之重文化教育者，曰文化教育，立国、做人之基础也。斯言也，吾人亦绝对赞成之。何也？盖文化者，所以增人生之价值，促人类之进步；人类之文野，胥由是而别焉。然以今日社会状况而论，受四年初等小学教育后，能入高等小学者，有几人乎？高等小学卒业后，能入中学者，有几人乎？中学卒业后，能入大学者，又有几人乎？夫由初小高小、由中学而直达大学卒业之学生，其大多数固能养成高等专门之学，然其余之不能由下级而达上级者，皆无一技之长，以谋独立之生计；此种学生，听其自然乎？抑将设法以补救之乎？如曰听其自然，则学校者，徒为社会养成高等之游民耳，抑何贵乎教育？如曰补救之，舍职业教育其奚由耶？

（七年十二月，《东方杂志》）

第四编

人生哲学与道德教育

杜威之人生哲学

我们生在这个世界，逃不了和人相交。人和人相交，便成社会。我们讲到人生哲学，就要讲和人相交的道理。聚许多个人，结合成一个社会。这社会的问题，是十分复杂。所以我们和人相交的景况，也是十分复杂。我们要在这个复杂社会中，求一个较为简单的法儿，提纲絜领，把头绪整理清楚，以便我们做人应用。我们讲人生哲学，就是为这个道理。人生哲学既是讲在社会做人的法儿，就要和社会的趋势相合，所以人生哲学要跟着社会的进化走。照此看来，人生哲学是进化的，不是固执不动的。

人生哲学既是进化的，我们就知道讲人生哲学的人，一定有来历的，不是凭空构造的，不过照着社会情形，把他改良。要把他改良，必须先要把从前所有的学说研究分析。有了见地，就下断语来。

所以我们要讲杜威的人生哲学，先要把杜威以前的西洋人生哲学，略略研究。然后方知道杜威在西洋人生哲学界的位置，以及杜威对于人生哲学的主张。欧洲近世的人生哲学，照杜威看来，可分两种学说，一是“动机”学说，一是“结果”学说。主动机说的说道：我们判断善恶，不是从行为的结果为定断，是从动机善良处下断语。只要动机善良，我们就称是善。其能否有好结果，是别一问题。这种主张，和董仲舒的“正其义，不谋其利，明其道，不计其功”相似。主结果说的说道：我们判断善恶，若从动机上说起，他的动机，我们实在捉摸不到。若从他的行为上观察，我们就可以知道他所行的是善或是恶。主动机说的说道：善是内的。善是德性，德性是内的。主结果说的说道：善是外的。行善是一种经验，经验是外的。

康德是主动机说的代表，他说道：

在这世界内，除好意（Good Will）以外，没有可称无条件的善。智慧、机决、胆量、忍耐等虽很有用处，若无好意，这种天然的能力，就变了很危险的东西。……感情有节、自制功夫、慎重周密等，虽是很好，若无好意，就会变成极恶的。盗贼有忍耐功夫，反成一种更危险更可恶的人。（Kant：Theory of Ethics，tr. by Abbot，pp. 9－10，见 Dewey and Tuft's Ethics，p. 241）

康德说这一番话，就是说我们若动机不好，种种才能、美质，都会变作恶的利器。动机如同培养种子；这种子好，方才能获好果，这种子不好，将来所获的果也不好。

但康德所注重的，并不是在将来能不能获好果。他所注重的，只在这个好种子。他说道：

一个好意是好的，并不是因为从行为或效果上看，亦不是因为容易得到预期的好结果，这个好意是出于志愿的，自己是好的。……如怀了好意，因为时机不好，虽竭尽心力，不能将这个好意发现于实际上，单单剩了一个好意（这个好意非但有一个空愿而且极力去做）；这好意好像一粒宝石似的，在那边自己发光，完全的价值，在他自己里边。有结果呢，不能增他丝毫的价值，无结果呢，也不能损他丝毫的价值。（Ibid.，p. 16，见 Dewey and Tuft's Ethics，p. 243）

康德的学说，和我们中国比较，是很有相同的地方。董仲舒的话，我们前已讲过。他如曾涤生说“种瓜得瓜，种豆得豆。但问耕耘，不问收获”，亦是这个道理。大学的正心诚意，宋儒的存心养性，都是要这个心，没有一毫私欲在里边，就是康德的存“好意”。与这个主张相反的一种学说，我们教他“结果”学说。我们可以讲他的大概。

主结果说的代表，是英国功利主义一派（Utilitarian）。听他们讲什么话。

边沁说道：

动机（Motives）有善恶，都是从他的结果立论。得快乐的，或能免苦痛的结果，就是善动机。同一动机，有生出善的动作，有生出恶的动作，有生出无善无恶的动作。

边沁用下文的比喻说明这个道理：

（1）一个童子，因为要解闷，拿一本兴奋的书来读。这个动机是很好的，无论如何，终不是坏的。（2）他把地黄牛（玩具名 top）扯动，在地上旋转。这个动机也不是坏的。（3）他将一头狂牛，放在人群中乱奔。他的动机，我们就叫他坏极了。然而做这三件事情的用意，或只是一个的：不过同是一个好玩罢了。别无他意。（Bentham：Principles of Morals and Legislation，Ch. X.，Section 3 见 Dewey and Tuft's Ethics，p. 248）

斯宾塞说道：

倘若摸人钱袋里的钱，使被摸的人的前程发生光明，使他觉得有一种愉快的感情，我们还叫偷是罪么？（Quoted in Dewey and Tuft's Ethics，p. 234）

这“结果”学说，很像庄子的学说。庄子道：

臧与谷牧羊而共失其羊。问臧奚事，曰：读书。问谷奚事，曰：博弈。

这两个人中，一个是博弈，人称他的动机是不好的，他失了他的羊。一个是读书，人称他的动机是好的，但他也失了他的羊。读书和博弈，两件相反的事，其结果同是一个失了羊。

庄子的道德论，以对于社会适合不适合为前提，就是对于社会有没有好结果，定道德的价值。他说道：

水行无若用舟，陆行无若用车，以舟之可行于水也，而推之于陆，则没世而不行寻常。古今非水陆耶？周鲁非舟车耶？今蕲行周于鲁，犹推舟于陆，劳而无功，必及于殃。夫礼仪法度，应时而变者也。今取猨狙而衣以周公之服，彼必龁啮挽裂，尽去而后慊……

庄子的本意，以为圣人倡不适用于社会的仁义以治天下，天下反乱，故从结果上看来，圣人与盗跖同是乱天下的一种人。同是失了羊！

庄子和边沁、斯宾塞的说法虽不同，都是欲讲明重结果的理由。庄子的意思，仁义和不仁义，他不管，凡乱天下的都是不好。边沁和斯宾塞的意思，用意好不好他们不管，凡有害于社会的都是不好。

我们把上说的两种反对的主义看起来，那“动机”派是注重发念一方面，那“结果”派是注重行为一方面。那“动机”派对于用意很仔细，那“结果”派对于行动很留心。

我们到这地方，就可以问杜威的见解如何。

杜威的意思，以为康德一番话，虽是有道理，却是说了一半。康德不是说盗贼有忍耐功夫，反成功一种更危险、更可恶的人么？因为更危险，所以称他更可恶，恶他什么？恶他有危险，这不是暗暗儿便含了以结果定用意的价值一种意思么？(Dewey and Tuft's Ethics，Note I，p. 254)

杜威对于“结果”说的意见以为人的善恶，虽然不能全以结果为断，但有了善念，没有结果，也不能称完全的善。无善念得好结果，也不过一件偶然、侥幸的事。

从前后两说看来，他说道：

照我们普通的经验看来，在某种状况之下，两种学说都是不差的，两方面都可以同样讲得通。其中似因误解而生争端。两方面共同的错误，是在两方面都把一个单纯和完全的自动的动作（voluntary act）分作两段。这一方面叫他是内的（Inner)，那一方面叫他是外的（Outer)。这一方面叫他是用意(Motive)，那一方面叫他是结果（End ），实在只是一件事。一个自动的动作，是行为的人（Agent）的一种态度（disposition)（或习惯)，发现于一种显而易见的动作上，成一种结果。徒有动机，不发现于事实上，不管他成功不成功，这不是一种真动机，就不是一个自动的动作。从他方面看来，无动机的结果，不是自己要的，不是自己选择的，也不是自己用力得来的，这和自动的动作完全没有关系。内和外分，外和内离，就没有自动（或道德）的性质了。内和外分，就成幻想。外和内离，便是侥幸。(Ibid. , pp. 237 –238)

他又说道：

……我们知道动机在一种完全的自动的动作里面的位置，

好像一种自动机的能力；一旦发动起来，若非为外来的一种大势力阻住，一定有一种结果。我们也知道自动的行为中，有了这种结果，方才引起我们为善的兴味，使我们用力把他做到。我们可任便分析自动的动作，无论从那一端下手，我们若要完全分析起来，终免不了从这端达彼端。我们把一个动作分内外，实在只有时期先后的分别，没有内外的分别。(Ibid., pp. 238－239)

照杜威这两段文章看来，他所注重的有两点，一点是道德是自动的动作不是被动的。自动的动作，和道德是一件东西。不是自动的动作就不是道德。为善要出于自己的意思，这自己的意思若是真切的，若不为外来的大力阻止，便发现于动作上，成一种结果。第二点，这自动的动作，无内外之分，有先后之别。先一段就是“动机”派的说话，后一段就是“结果”派的说话。先一段是动机，后一段是结果。杜威这番话，好像是王阳明讲的。

王阳明说道：

知者行之始，行者知之成。圣学只有一个工夫，知行不可分作两事。(《传习录》第二十六节)

他又说道：

……行之明觉精察处便是知，知之真切笃实处便是行。若行而不能精察明觉，便是冥行……所以必须设个知，知而不能真切笃实，便是妄想……(《答友人问》)

阳明说的知与行，就是杜威说的用意与动作。他说的始与成，就是杜威说的先与后。阳明又说：“学无内外，讲习讨论未尝非内也。反观内省，未尝遗其外也。”(《答罗整庵书》)就是杜威说的没有内外之分。阳明说的“若行而不能精明察觉，便是冥行”，就是杜威说的“外和内离，便是侥幸”。阳明的“知而不能真切笃实，就是妄想”，和杜威的“内和外分，就是幻想”，是同一个意思。简单说一句，阳明和杜威同是主张知行合一派。

我讲到这里，读者请勿误会阳明和杜威的学说都是一样的。他们不同的地方很多。如阳明信良知是一种特别的机能，只有这良知能知善知恶。杜威就不信这个主张。他说：“我们要晓得道德不是武断的，也不是形而上的。这‘道德’一个名称，不是指着人生的一特别区域，也不是特别一段生活。”（Dewey：Ethical Principles Underlying Education，p. 32）阳明信良知是一粒百宝灵丹。近世哲学家没有一个信一种学说可成一种万应如意油、百病消散丸的。我们讲中外比较学的，这种地方很要留心。因为很容易惹起误会。黄梨洲因见西洋人的算学和中国有点相像，就说他们由中国偷去的，他就把“天子失官，学流四夷”为证据。岂不是大错么？

闲话少讲，再让我们讲人生哲学问题。阳明的知行合一说，是从心理一方面着想，社会一方面是很少注意。杜威讲人生哲学，是从两方面看。一方面是心理，一方面是社会。他说社会一方面的人生哲学是定价值的，心理一方面的人生哲学是讲推行法的。故心理一方面是方法（How），社会一方面是实质（What）。这方法与实质，并非是两件事，我们不可把他分离。心理学是讲各人的动作，个人与社会不能分离，故讲心理也逃不了社会。社会是个人积聚而成的社会，个人是社会的个人。（Dewey：Ethical Principles Underlying Education，p. 9）

方法（How）是讲行为的法儿，手续、程序。实质（What）是讲行为的结果、成绩。故从心理方面看人生哲学，我们是讲个人对于道德什么做工夫。从社会一方面看人生哲学，是讲个人对于道德什么定价值，什么是叫做道德。个人是社会的一分子，离了社会是讲不来道德的（Ibid.，p. 9）。

杜威对于人生哲学的位置和主张，讲到这儿，大家都已明白。简而言之，他说道德是一个，没有两个，不能分作两事，只好言先后的程序。动机是始，结果是终。存心是心理的，结果是社会的。心理的是方法，社会的是实质。杜威的人生哲学，我们已约略讲明白，我们此后可以讲他的道德教育。

（八年四月，《新教育》）

杜威之道德教育

杜威把他的人生哲学为本，讲道德教育。他说学校对于社会的责任，好像工厂对于社会的责任。譬如一家织布厂制造布匹，要先考查社会之需要。知道社会的需要后，照这样需要去造各种样儿的布。布厂不能造社会不需要的布。至于什么样造法是最经济，要布厂里人自己设法讲求。学校教学生，亦要先考察社会的需要。知道了这个需要，然后教他们。至于什么教法是最经济、最有功效，要学校里的人自己设法研究。

察社会的需求，就是社会方面的人生哲学，是实质的。研究什么教法是最经济、最有功效，就是心理方面的人生哲学，是方法的。

杜威最不信道德是可以和他课分离教授的，他说："'道德'一个名称，不是指着人生的一个特别区域，也不是特别一段生活。"（见前）照他的眼光看来，各种功课，都有道德的价值，都是道德教育（不能设那什么叫做道德一科，在纸上谈兵）。他举了几个例：

手工——教授，不是专教手工，也不是但增进知识，教了得当，能养群性的习惯，是很有社会的价值的（杜威把道德和社会联合在一块儿，照他的意思，讲道德离不了社会，讲社会的幸福就是讲道德。他说社会的价值，就是道德的意思）。从康德至今，大家都知道艺术的利益，是要社会公共受享，不是个人所可私的。养成群性的习惯，就是道德教育。

地理——是能使学生知道物质和人群很有关系，如两种民族，如何为物质环境所分离，以及河流、道路如何能使各民族交通。湖、山、河、平原种种，表面看来，是物质的，究竟的意义，实在是人群的。我们大家知道，这是和人类发达和交通，很有关系的。（Ibid.，p. 21）

历史——的道德价值，是讲明社会的来历，使学生对于社会种种形态、动作，都知道意义。社会如何发达、如何衰落，都可从历史上讲明白。（Ibid.，pp. 23 – 24）其余如文字为社会思想交通的利器，算术为比较社会各种事业好歹的利器，只要教师有眼光，那一课不是道德教育呢？

杜威又十分反对学校中教授没有理由的遗传道德。他说："格言（Moral Rules）（遗传道德）往往成一种和人生没有关系的东西，变成一种律令，要人顺从他。这样就把道德的中心，移出人生的外边。凡重文字、轻精神，重命令、轻自动的道德，好像用外面的压力，把人里面活泼泼的精神压住了。"（Dewey and Tuft：Ethics，pp. 328 – 329）他又说："命令式的遗传道德，不过是一种过去社会的习惯，是过去的经济和政治的景况所造成的。"（Ibid.，p. 331）

杜威的意思，以为现今社会的罪恶，并不是因为个人不知道德的意义，也不是因为个人不知道德上的普通名词（如诚实、耐苦、贞操等），其实在原因，是个人不知社会的意义。

因为现今社会是十分复杂；若非受正当教育的人，那里知道人生的真意，使他的动作、行为，都合社会的要求呢？多数的人，或被遗传道德压倒，或为一时感情所牺牲，或为一阶级的人所欺骗。那里有机会识社会的真相？（Dewey：Ethical Principles Underlying Education，p. 23）

杜威脑中，想着“道德”两字，就想着社会的生活——现今社会的生活，不是古代社会的生活——道德的程度，就是人生的程序[1]。道德的观念，就是人生的观念。人生以外无道德，社会以外无道德。他的道德范围甚广，不是在遗传道德圈里弄把戏的。

杜威说：“我们对于道德教育的观念，实在太狭，太重形式，太像病理学。我们把道德教育，和一种道德上的特别名称紧紧抱住，和个人他种行为分离。至于个人自己的观念和自动力，竟全然没关系。这种道德教育，不过养成一种无能力、无用处的‘好人’罢了。能负道德责任的和能干事的人，不是这样教育法可养成的。这样教育法，都是皮毛的，于养品性全没有关系……”（Ibid.，pp. 25－26）

什么样才算是真道德教育呢？照杜威的意思，有三件事：（1）社会知识；（2）社会能力；（3）社会兴趣。社会知识（social intelligence），是使个人知道社会种种行动、种种组织的意义。社会能力（social power），是个人知道群力之趋向及势力。社会兴趣（social interests），是使个人对于社会事业有种种兴趣。学校中对于三件事有什么原料呢？（1）使学校生活成一种社会生活，把学校造成一个社会的小模型。（2）学与行的方法。（3）课程。学校生活，是代表一种社会共同生活

[1] 程序，疑为“程度”。——编者注

的精神。学校训练、管理、秩序等，要和这精神相合。要养成自动的习惯、创造的精神、服务的意志。课程一方面要使儿童对于世界生自觉心，他们既生在这世界，和这世界有密切关系，要使他们知道世界事业的一部分，他们要担负的。这样的办法，道德的正当意义就得了。

以上讲的一番话，是社会方面的人生哲学，这是实质（what）。对于这个见解不差了，我们就可以讲心理方面的人生哲学，这就是方法（how）。社会的价值一句话，对于儿童不过是一种抽象的意思。若不把这抽象变作具体的，他们小孩子便不能懂。做到这道德的地步，究竟是儿童自己的事，所以我们就要从儿童个人身上着想，要使他们个人的生活，代表社会生活的一部分。（Ibid.，pp. 26－27）

心理一方面的人生哲学，是用什么法儿推行呢？杜威说道：

第一步就是观察儿童个人。我们知道凡是儿童都有一种萌芽的能力。——本能和冲动（Instincts and Impulses）——我们要知道这种本能究竟做什么，有什么意思。讲到这事件，我们就要研究这种本能有什么结果和功用；怎么可使他变为有组织的动作利器。我们讲起这粗浅的儿童本能，就要记得社会生活。讲那社会生活，我们就可知道这种本能的意义和陶冶方法。到了这儿，我们再要回到个人身上，找出来用什么方法，把儿童自动的本能，达到社会生活的目的。又用什么方法是最经济的、最容易的、最有效力的。我们所应做的事，就是把个人活动和社会生活联接[1]起来，这只有儿童自己做得到，教员实不能越俎代谋。即使教员能勉强做到，亦没有什么人生哲学

[1] “联接”，今作“联结”。——编者注

上的价值。教员所能做的，不过把环境改良，使儿童受了环境的影响自己动作起来（注：如儿童没有团结力，教员不能把他们勉强团结起来，只能改良环境，使他们自然团结起来。开运动会、游艺会、展览会等，就是改良环境的方法）。道德的生活，是要儿童个人知道自己的意义，动作的时候，又要有精神上的兴趣。对于动作的结果，是自己用力得来的。到底我们逃不了用心理学的方法，研究个人的心理。找出一个法儿来，使儿童勃发的天能和社会的习惯智慧相适应。（Ibid.，p. 27）

照杜威的见解，这心理学的研究是有几个道理：（1）第一件要知道凡儿童的行为（Conduct），基本上是从他们固有的本能和冲动（Instincts and Impulses）上发出来的。知道这个本能和动作是什么东西；在什么时候，有什么本能动作发现；我们才能利用他，使成为有用的。不是这样办法，各种道德教育，都是机械的、外铄的，和个人内部没有感动的。若我们以为儿童天然的动作，就有道德的意义，便放纵了他，这就坏了，我们太骄养儿童了。这种天然动作，是要利用的，或是要引导到有益的地方去；这是教育的原料，是给我们用他来造成一种有用的人。

（2）人生哲学要从心理方面看，因为儿童自身，是教育唯一器具。各种功课如历史、地理、算术等，若非从儿童个人经验上着想，都是空虚的。（Ibib.，pp. 27 – 28）

总而言之，照杜威的意思，我们讲道德教育，是发展儿童的品性或人格（Character）罢了。然而讲起这品性一个名词，大家就弄不清楚，所以杜威把他说明白。

杜威说品性是指儿童内部动作的程序，是动的，不是静的，是心的原动力，不是行为的结果。（Ibid.，p. 28）照这看来，发展品性一句话，有几件事情，要讲明白的。

(1) 能力（Force）（行为的能力）。我们讲道德的书，都注重存好心（Intention）一句话。谁知道我们要讲道德，不是存了好心便罢，我们还要有能力把这好心推行到实际上。若有了心，没有力，便成一被动的“好人”，有什么用处呢？所以我们要养成一种人，使他有肩膀担负责任，不怕难，不怕苦，自动非被动，敢言又敢行，这才算一个有道德的人。这种能力，我们就叫他品性的原动力（Force of Character）。（Ibid.，p. 29）

(2) 但有能力，还是不足。能力不善利用，就会变成危险的东西。有大能力的人，有时会把人家的权利摧残。所以有了力，还要把他引到一条正路里去，使他成有用的力，这种能力，方才可宝贵。

照这看来，智力（Intellectual）和感情（Emotional）是要并重的。智力是具一种有判断力的常识，看事能明白，知轻重大小，遇事能措置得当。抽象的是非，空悬的好意，是不能成这种判断力的，要个人从实际上磨练，方才能到这地步。

(3) 徒有智力，还是不足。我们知道很有判断力的人，还是不做事情。这是因为没有一种活泼泼抑不住的一种感情，在里边发出来（孟子说恻隐之心，仁之端也，又说扩而充之足以保四海，都是讲这道德感情之作用）。所以我们要讲感情一方面，我们可知有判断力，有忍耐力，不畏难的人，固然也能做好事情，但我们把“铁面”与“婆心”两种人相比较，觉得“婆心”的人是和蔼温柔的，是慈悲的。“铁面”的人是形式的，是照格式做的。要养成和蔼温柔的品性，是要把感情注重。（Ibid.，pp. 29－31）

学校中应该是什么样做法，才能养成有能力、有判断力、有感情的品性呢？

杜威有几句话，请列位听：

（1）第一件，品性的能力是不能用抑制（Inhibition）法养成的。我们不能从消极的抑制里边，找出积极的自动来。有时因为要将各种能力聚在一块儿，使专心致志做一件事，我们不得不防制他的能力在他方面乱用。但这是引导，不是抑制。这是贮藏，不是塞住。好像园中一池水，我们要作灌花之用，便不能让他东西乱流。这贮藏的时候，便有许多真正的抑制力在里面，不必另外再用抑制方法。倘若有人说抑制力在道德上是比较引导力为要紧，这好像说死是比生为贵、消极比积极为贵、牺牲比服务为贵了。有道德教育价值的抑制力，是包括在引导力里边。

（2）第二件，我们要问学校里的功课，从心理上看来，是否为养成判断力所必需的。识得比较的价值，就是判断力。故欲养成这种能力，必须使儿童具有一种选择和判别的能力。徒然读书听讲，不能办到。学判断力的好方法，就是要儿童时时下判断，任选择。还要自己来判断，自己来选择。判断选择之后，自己去做，使他知道他自己行为的结果，或成或败，有了结果，才能下判断。

（3）第三件，慈悲心，或与人表同情的心，必须养成的。要养成这种感情，须要留心美的环境，使儿童受一种感美的影响。若校中功课是形式的，学生又没有社交生活团体集合的机会，感情的生机就会饿死，或从不规则的一方面去发泄，更把他弄坏了。有时学校以实用为名，使学生但习读、写、算三者（Three R's），和其他干燥的功课，把他的耳掩住，不闻好文学，不听好音乐；把他的眼遮住，不见好建筑、好雕刻、好图画；这样办法，我们就没有把儿童的感情养好的机会。他的品性，就缺这一部分重大的要素。(Ibid. , pp. 31 – 32)

（八年四月，《新教育》）

托尔斯泰的人生观

做人究竟做什么？这个问题，凡人终有一个时候想到的；但要答这问题，觉得真不容易。平常的人，偶然问到这问题，糊涂答一句，就算了结，仍旧照常的做人；一年复一年，到死的时候，还不知道他做了一世人。只有抱高尚思想的人，想到这个问题，就好好儿去研究，终要得一个满足的答复，方才肯休。

俄国托尔斯泰是一个贵族，他年轻的时候，享尽贵族所享的一切快乐；到了后来，觉得这种快乐都是虚幻的，都是和禽兽相同的肉体的快乐，和这人生的真快乐是无关的。于是他抛弃一切，做一个乡下人，过平民的生活，自己耕作，供给自己。他晚年所著的书，多哲学的。他说以前所著的种种美丽的小说，都是虚费光阴和精神。他晚年所著的书中，有一本叫做《生》。我这篇文章的材料，就是从那英文译本中得来的。

现时人生观的批评——托尔斯泰以现时人生观分两种，一种是科学的。科学的人生观说：生活的本源，在原子泡里。又一种是盲从先觉教言的。这派人盲从先觉的遗言，不考查他的意思，以为但守外面的教规教礼，便能求幸福。托尔斯泰说：这两派都是不对。原子泡的生活，与“我”的生活是无关的。这原子泡的生活，不但在人身里，在兽身里也是一样。原来人的肉体，和兽的同；肉体就是兽体，兽体的生活和“我”的生活怎样可说是一样呢？这兽体的生活，是怕老、病、死、苦；所以兽体的幸福，是靠不住的。真生活的幸福，是要跳出这老、病、死、苦以外。自培根、孔德这辈人出来，认兽体的生存为人生，不知道孔子、老子、释迦、耶稣的人生观，是真有道理呢。

那一派盲从孔子、老子、释迦等等的人，以为生活的快乐在死后。苦是前定的，这生是永远苦的，若要得真快乐，非在死后不可。

贫家儿，富家儿，生长的时候，就受这两派的教训。若问生活是何物？科学家答：生活是天然律成的，我们研究天地、昆虫、禽兽、草木的生活，都是靠着这天然律。盲从先觉教言的人说：这世是没有快乐的，要求快乐，须修来世。于是贫家儿，富家儿，得不到正当的答复，就没法子了解人生的真义。但做人终要生活的，所以只好随外面景况做人；听了外面习俗的引导，一年复一年，一代复一代，糊糊涂涂的做过去。这种外面习俗的引导，是没道理的，然而人人都跟着了走。愈不知人生真义的人，愈为这种外面习俗的权力所屈伏——中国人拜祖宗就算了事；回族教徒参圣地就算了事；印度人念几句佛，就算了事；耶教徒到教堂，就算了事；军人对国旗行礼，猎人械斗，这都是算神圣不可侵犯的责任。生了养，死了葬；谁知道为什么做人！托尔斯泰的意思，以为现在科学派只知道有肉体的兽性的生活，视生物界为同一兽性的存在，忘却了真

“我”的生活；这兽性的存在，那里靠得住呢。你杀我，我杀你；你吃我，我吃你；真是一个互相吞食的世界。盲从派只知有习俗，千千万万的人都被那个习俗关住了；不知不觉的一天一天做过去，到这个肉体死的时候，还不知道有真“我”呢。

理性——这真“我”真生活是什么呢？托尔斯泰说：这就是真理性。这个理性的存在，是不靠肉体的，是无老死病苦的。要求这个理性，先要把这个肉体兽性的幸福抛去，求个理性幸福。理性是什么呢？理性就是生活的天然律；理性有天然律，好像物质之有天然律。由这“理”做人，就是真幸福。怎样由这“理”做人呢？须把肉体兽性的活动，制配于理的里边。这就是人生的真活动，这就是爱。

爱——兽性的个人向那幸福方面去走，所以要争夺。这理就会对人说：争夺是苦的原，兽性的个人要争夺，所以这肉体是没幸福的。真幸福是不与人争夺，这就是爱。爱是使人觉得他的生存，是为他人的好处，不是为自己的好处；兽性的个人是受苦的，故要免除一切苦，非忘却这兽性的个人不可。爱能忘却兽性的个人，兽性的个人要求幸福，就一步一步的投到孽网里去，就向那死的方面走。爱能消灭怕死的心，能使人牺牲自己肉体的存在，为人类求幸福。

服务——人为什么怕死呢？因为他求个人兽性的幸福，所以时时怕死，因为死后就没有这幸福了。若人以服务他人为幸福，就不怕死了，因为我的生存，是为他人求幸福的；他人的幸福，就是我自己的幸福，那末我死之后，他人的幸福仍然存在，我怕什么死呢？所以理性的一个天然律，就是各个服务全体，全体服务各个，大家互助，不相残杀。所以人到完全受治于理性的时候，不自相残杀。只吃禽兽的乳和蛋，不吃他们的肉，即对于植物也不敢无故毁灭他。若我只管求我个人的幸福，我就会害人。因为我要我的幸福，人也要人的幸福。我夺人食，人就夺我的食。那末人在世上就时时在危险之中。你看世界的苦处，那一件不是你抢我夺的行为造成的？所以要讲人生的真幸福，先要把自己忘却了。忘却了自已，是求真生活的第一步。能忘却自己，才能为人服务。

人生达不到幸福的三个缘故——有三个缘故，使人的生活枯涸。第一是人只知道自己的幸福，所以看见这个世界里边，都是互相争夺，互相残杀。要医这个病，须认人类的幸福为自己的幸福，互相扶助。第二是个人求虚荣的快乐——求肉体的快乐——只要我的肉体得种种快乐，人家的苦处我都不管。要救这个弊，对于人家的受苦，要表同情，要有一个恻隐之心。第三是怕死。人以肉体的快乐为快乐，这肉体死了，快乐就没有，所以他怕死。要救这弊，须爱人过于爱已；若能爱人到极点，我死后人家还生存，人家仍享快乐，我怕什么死呢？

人与世界的三个关系——这三个关系：（1）是理性的知觉和世界的关系；（2）是兽性的知觉和世界的关系；（3）是肉体的物质和世界的关系。人不知道理性的关系是人和世界惟一的关系，所以他想他的生活，是在兽性的知觉和世界的关系里边；若兽性的知觉和世界的关系一旦断绝，他就没知觉了。这种人以为兽性的知觉是从物质里来的，理性的知觉是从兽性的知觉里来的。后来这理性的知觉渐渐弱起来，就回到兽性里去；这兽性到了极弱的时候，就回到无生气的物质里去了。

照这种人的眼光看起来，以为理性的知觉和世界的关系是偶然的，是暂时的，是容易消灭的。兽性的知觉和世界的关系是不灭的，因为有种族生存在世界，来保存他的兽性。若物质和世界的关系，更是永远不灭了。照这样看来，理性的知觉，非但是不能永久存在，而且是一种用不着的，可省去的一件东西。

然而人类的感觉，终觉得这种人生观是不对。做人一死就消灭，终觉得可怕。因为要免去这个恐慌，于是就有两种见解出来。一种人说：这肉体的兽性知觉，即是理性的知觉；个人要消灭，但人的种类是永远存在的，所以理性寄在种类的兽性中，也永远存在。又一种人说：人没有产生以前，是没生活；有了肉体，这生活就发现；肉体灭，这生活亦灭，将来还会随肉体复活。这两种说都是不对。因为都没有认着理性和世界之关系。

照这种眼光，生活是一种浪。从死物质变人，人中生理性的知觉——浪花——达了浪的极顶，就从理性的知觉回到个人，回到物质，便消灭了。这两种人，以眼所看得到的为生活的界限。

生活不灭——托尔斯泰比理性的生活为一立体弧三角，今生所见的，是立体弧三角的中段；其尖顶为前生，其底为后生，今生心目中，想见不到尖顶及底。我始觉自己与世界关系的时候，是立体弧三角的最狭部分；我现在最高生活的见解，是最阔的部分。我生产的时候，见不到生前的尖项；其下段的延长，为我的肉体和死亡遮住，也见不到。我起初的时候，以为我今生所见的一段，为我生活的全部；后来我知道我生产以前，我已与过去有关系；我肉体灭亡以后，我与将来也有关系。这眼所看得到的，不过是生活的一段，不是生活的全体；我现在很显明的见到我生产以前有生活，我肉体灭亡以后有生活——有无穷的生活。

托尔斯泰人生观的大意，我已讲完了。我现在把上文所说的意思总括起来：

（1）人生以前有生活，死后也有生活——人生不灭。

（2）现世的生活为全体生活的一段。

（3）现世的生活有两方面：① 理性的生活。② 肉体兽性的生活。理性的生活，承生前，启死后，是无穷的。兽性的生活，有生有死，是有穷的。

（4）理性的生活，是博爱，是服务，是忘却自己，是互助，是不畏死的。

（5）兽性的生活是自私，是争夺，是残杀，是畏死的。

（八年九月，《新教育》）

第五编

儿童心理与历史教授法

儿童心理

人类初生下地的时候，最软弱无用，还不及动物，所以有婴儿保育法之研究，但这是医学家的事，不是教育家的责任。讲到教育，我们从儿童心理之研究始。讲儿童心理，我们从研究遗传学始。儿童本性不同，本能的程度也各异，究其来源，父系母系，实应并重。从父系来的就像父，从母系来的就像母；还有跳隔一代的就许像他的祖父、祖母或外祖父、外祖母。兄弟姊妹常有各不相同的，即是此故。

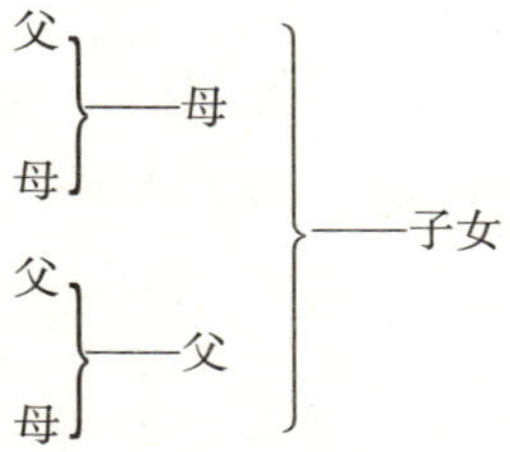

吾人对于犬马的配合，常很留意，而于人类的配合，反漠不加意，不管好歹，随便配上，就算了事。近世优生学的发明，即所以挽救此弊。今试讲鼠的遗传，大概言之，平均一黑鼠、一白鼠相交而生的小鼠，譬如生四个，其趋势是一黑、一白、二灰（即黑白相间的）。纯种的二白相交，全生白鼠；二黑相交，全生黑鼠。二灰相交，生一白、一黑、二灰。但是人类的遗传，决不如是简单，善恶智愚，各各不同。所以教育对于个人不能不有分别，而对于种族绝无可以歧视的理由，与其说此种族与彼种族有别，不如说此个人与彼个人有别。至于男女更无可以区别的理由，男子中有智愚贤不肖，女子中亦有智愚贤不肖，所以与其说男与女有差别，也不如说此个人与彼个人有差别。但是男女之间，却另有一个异点，我们也应注意，就是女子多在中人的地位，而极愚恶与极贤智的地位多为男子所占。所以从各方面看来，教育只要注重个别，即为已足，不必管什么种族男女的关系。

鼠因毛色分明，所以他的遗传，容易看得出来；人则不然，必须考察神经系，方才可以区别。各人个性不同，就是神经系的关系，智的和愚的，往往差得很远。神经系有受的和出的二种。譬如我们拿一件东西，一定这东西的影像，先由眼睛神经进去，方可看见，再由手神经出来方能去拿；又如狗吃骨头，也是如此，一方面骨头的影像，入了眼神经，他就看见，一方面立刻从嘴神经出来，他就去吃。但是关于智识底神经系，却不是如此的简捷，一方刚进，一方就出；这就是所谓第二等神经系，有传达的作用，能将事物的影像，传到他最相近习的地方。据近来的研究，说学习是神经网改变位置以相接触的结果，如三加四等于七，就是这个神经网记住三，那个神经网记住四，两个互相传达，联到一处，结果自然得七。兽类底第二等神经，不及人类发达，所以知识就不如人类。松鼠到了冬天，把果实藏在地穴里面，是天性的习惯，不是第二等神经的作用，因为他藏果的时候，并无备饥的意思。又动物的神经作用，都是极短时间的，如狗见骨就吃，猫见鼠就捕。愚人底神经系，也是不易活动，有时很简单的事理，无论如何替他解释，总不明了。聪明的人，就是很繁复的算术，也可以立时解答。神经系变动的能力，于年岁老少也有关系，少年神经尚未固定，容易教导，一到四五十岁，神经固定，变动能力也就大减，教导也就比较的困难。所以教育最注重儿童时期，因为这是最好的机会。

神经改变的结果，就是满意与不满意的关系，如三加四得七为大家所公认，就是满意的结果。学习就是设法使神经系按着满意的方向，互相接近，养成习惯；结果满意，下次就照着去作，否则下次另改方法，务求满意。现代的教育，就是研究如何使神经变动得满意的结果。满意有远的和近的二种，近的如小孩得着食物，立时止哭，远的如成人晓得过饱便要致疾。教育应该注重远的满意，儿童不愿读书，要设法使他了解读书可以求远的满意。从前私塾里边，用板子和鞭子做劝学的利器，儿童只觉得读书比挨打稍胜一筹，所以为避重就轻起见，不得不勉强咿唔一下，这竟是与满意没有关系了。但是话虽如此，也不可陈义过高，使儿童莫名其妙。比方要奖励清洁，可以向他说："洁净受人喜欢，不洁净要惹人厌恶，你要不洗手，客来一定笑你。"比方要奖励求学，可以向他说："你要是学会了，某人必定夸奖你，给你糖吃。"这种说法，总比用什么"卫生""自立"的道理，比较得容易领会。

所以智愚底不同，完全是神经系的改变能力底关系。教育儿童，就是设法使他底神经改变能力逐渐发展。

一、儿童的良能

儿童都有天赋的良能。孟子说良能都是好的，如"恻隐"

"辞让""羞恶"诸心。然按实际上说，不但好的（如仁义等）趋势，就是坏的（如不仁不义等）趋势，也都是从良能里出来的。良能可分为二种：

（1）非群性的良能：可用良好的教育，使他变成群性的。

（2）群性的良能：如无好教育，也可渐渐消失。

（1）非群性的良能，是当人与事物相应接而生的，现在约举下列数种。

①体力之活动。小儿初生的时候，头颈总是东倒西歪，不能竖立，后来渐渐长大，才能立颈、坐、立、行动、嬉笑、哭、滚地；这都是天然的活动能力，在那里发展，也就是所谓良能。训练这种活动能力，应该先大肌肉运动（如体操、跳掷等），而后小肌肉运动（如剪纸及弄小玩物、写字等）。中国小学教育，不注重这一点，所以一般国民底大肌肉多不发达，这是于胆量魄力很有关系的。小孩无时无地不活动，是他的天性使然。很幼的小孩，不能静坐到三十秒钟，五岁至十岁的小孩，不能静坐到一分半钟。所以要是强迫小孩，不许活动，无异于阻碍他的生机。

②发音。发音是言语的起点，言语是由经验积聚而成的。小孩发音，也是良能；他学话之先，一定先是吹口作响，成布布的声音，随后再呼爸爸妈妈。从这一点，因势利导，至能说话，就全仗别人的教育。小孩生在什么地方，就说什么地方的话，也是满意不满意底关系；他说出来，别人懂得，就是满意，别人不懂，就是不满意，他自然会设法改变，使人懂得。教育就是要利用这种趋势，千万不可错过，错过就格外费力了。

③探机和造作。小孩都有探机的天性，他得到一种玩物，

一定要把他弄破，看看里面到底是什么东西，如拆毁摇鼓及小火车等。所以小孩实在都是科学家。这种良能，千万不可抑制，哥仑布探得新大陆，何尝不是这种良能发展的结果。

小孩又有天然的造作性。我记得幼时读孟子“筑斯城也，凿斯池也”，我就跑到书房外面，团泥筑城，掘地作池，不幸被老师看见，一脚踢翻。这就是造作性的自然流露，应该十分奖导的。一味偏重灌输，叫小孩死记了许多“赵钱孙李”“一只狗一只猫”，简直是戕贼本能。我幼时听老师讲“神农尝百草，日服七十二毒而不死”，就问他“为什么神农不会毒死”，被老师大骂一顿，不许再问；后来药王庙旁一个老妇告诉我说：“神农的肚子，是水晶造成的，所以不会毒死”，我才恍然大悟，原来老师的本事，还不及这个老妇。

但是利用这两种良能，也有不可不注意的地方，就是探机性容易变成残忍，如见蛙跳蝇飞而剖视之，即宜切戒。教手工应该先粗后细；先用沙、土、木，后用剪、刀、笔；先教他随意乱造，后教方法。

④取食和猎。小孩手初能拿的时候，一定是眼睛不看，拿来就往嘴里去塞，要是没有东西，就去吃手，这是取食的良能。后来的规规矩矩，正坐徐食，是因求满意而学成的习俗。华人啜汤有声，到了外国，自然就改，也是求满意。

⑤戏弄。小孩喜欢戏弄，也是天性。只要有度，即足以发达群性，若过了一定的限度，就要弄出弊病来了。比方小孩用纸套人帽结，一定要有人见而大笑，他才高兴，别人愈笑，他戏弄得愈高兴。西方俗语说，“你笑，天下人和你；你哭，就只你自己”，即是此意。戏弄太过度，就要酿成以强侮弱底现象。如张献忠幼时杀蝇为戏，竟养成一个残忍的恶魔。

⑥所有权和收集。小孩不准别人坐在他母亲底膝上；看见东西，常常说“我的”；打了他心爱底东西，他一定立时大哭，如打了他自己一般；买了花炮，不许别人放：这就是天生的所有权性。这种天性，渐渐发展，就有什么乡、省、国等等的界限。到了现在，有“我的主义”与“某某主义”之争，也就是此性的发展。

小孩有天然的收集性，无论什么东西都要，如鸟毛、蚌壳、石子、香烟牌子，都是好的。后来成人底收集古董字画、设博物院，守财虏罗掘钱财，便都是此性的发展。各种学问，都是由收集而成，所以这种良能，应该分类的去帮助他，不可抑制。

⑦打架。小孩喜欢打架，也是天性。只要有人阻止他的兴趣，他就生气要打。常常因为很小底事物，彼此大起冲突，互相扭打。但这也是勇敢底动机，只要教他知道“为公理而战，勿为私利而战”，也是好的。女子少有打架的动机，所以有人说，女子多诡诈。

（2）群性的良能，是社会组织底要素。无论何人，不愿独居，就是群性的起点。兹举其最重要者数列如下。

①慈爱。

a. 和蔼（慈善）的心。如见人饥寒，就可怜他，见人喜欢，他也喜欢，又如望人得福，怜人遇祸，等等，实在也就是道德底根源。教育底责任，就是要保护这种慈善的趋势，免其浪费，从物质的方面引到精神的方面。

b. 同情的心。就是反应的模仿（Reflex Imitation）。看见大人哭，他也哭，看见大人笑，他也笑，就是自己的感情受别人的感情底影响。小孩虽有时也有残忍行为（如杀蛙捉蝇），那是他种天性过度发达，或是不知受害者底痛苦，并不是丧失了同情心。教育底责任，就是要养成他“知人痛苦”的想象。

②群聚。小孩喜与年岁相近底儿童，在一处玩耍，即群聚性底表现。这种良能，在野蛮时代，用以取食卫群，在文明时代，就可用以促进文化。爱群是人类的天性，一个人若是不爱群，一定是他有病。

③喜人称许。小孩穿了新衣帽，有人夸奖他好看，就非常的高兴。这种趋势，也应该奖诱他、利用他；不可有过分的苛责，使他失望，一失望，他就要气沮，不愿再往前进了。

④竞争。这是学术进化底大原因，如学校里底考试分数及运动会等。但须注意的，就是要养成他“各自发达自己”的竞争心（如竞争清洁、竞争学问等），阻止他“物质上自私自利”的竞争心（如侵略、抢夺）。

⑤模仿。小孩见大人背着手走路，他走起路来，也将两个小手背在后头。大人穿拖鞋，他也把鞋跟故意踏倒。有人说这是天性的，桑戴克说这是“学习效果律”（除反应的模仿）。总之，这是有益的趋势，因为人类中能创造者很少，能模仿者很多，并且各种学术，也往往因模仿而能传之久远，所以这也是文化进步底一大原因。所当注意的，就是要替小孩选择好模范。现在有人反对模仿，主张创造，但不是个个小孩能有创造能力的，所以最初只可教他模仿，但须为他择好模范。

儿童底良能，近来发见得很多，以上所举，不过是几个最重要的罢了。有人说小孩是“良能一束”，若是把他搬在书房里面，叫他死记“一只狗，一只猫”，走路快点就要骂，两人打架就把各人痛打一顿，实在不是爱护良能底办法。所以教小孩贵在因势利导，固不可强施抑束，也不可揠苗助长。无论群性的和非群性的良能，只要利用得当，都是好的（如打架、竞争等）。

教育只能指导良能，不能像用草喂牛，喂到一个程度便能长大的。儿童的良能，就是他底资本，只要利用得法，即能生利，教育不过是帮助他经营一下罢了。

二、儿童底感情

宋儒重理性而轻感情。其实人类所以能活动，多仗感情；理性只是能指导感情，离开了感情，就没有理性可以存在。教育就是要发达感情，使归正道。中国人底生活力太薄弱，不能活动，也就是吃了教育不重感情底亏。西洋人注重各个人发达正当的欲望，所以他们底生活那样丰富；他们种种制度底改革进步，也都由于感情不能忍受。要养成感情，使入正路，也不外上面讲过底满意与不满意。譬如无故发怒而受人厌恶，他下次就留心了；又如过饱致疾，下次就要少吃一点，这都是因求满意而改变其神经系活动底方向。只要看儿童底感情是否正当，而使其满意或不满意，他自能改正方向。无论喜怒哀乐，只要利用得当，都是好底感情。最好用正当的娱乐去改正坏的娱乐，如提倡美术及运动以代替赌博；只要正当的娱乐发达起来，不正当的自然就会消灭，若仅仅的从禁止方面着手，是没有效果底。

儿童天生即有美的感情，如爱看花纸，爱穿有颜色底衣服。未开化底野人，听见歌声，也能击节，都是天然的美感。讲教育即应利用此点，如星期日率领儿童游博物院，或作郊外旅行，以发达其美感。

美感有创造的与审美的两种。创造的美感，是从天才里发生出来的，不是个个小孩都能底，若审美方面，人人都能，所以要使儿童看图画，听音乐，以引导其审美的感情。

感情这东西，到底是先天的或是后天的？这个问题，至今尚无定论，也没有什么的研究；但于“畏”一项，研究得最深。

畏。畏的知觉，是已经受惊之后，方才发生，并非遇着某种事物，即已知道恐惧。如遇蛇，闻炮，必先发畏的感情而后方觉畏。又如误犬为熊而狂奔，见毛虫而发指，怯黑暗，怕面生底人，怕独居，怕怪声，都是先畏了而后觉畏。

畏的心理底来源又有两种关系：①遗传的关系，原人社会时代，穴居野处，即有怕蛇虫、怕黑暗、怕孤独，等等底习惯。②社会的关系，如中国小孩怕洋鬼子、怕鬼，都是社会养成的。

一切法律、礼仪、宗教，都是根据于“畏”的心理；又如舆论底势力，也是从这个“畏”里生出来的。

但是要发达感情，却也不可过于放任，过于放任就要发生种种弊病，如“五四”以后，讲自治，有些学校生徒底自而不治，和以前学校里治而不自，是走相反的极点了。

还有一个重要的点，就是设法使其注意功课，若任其像《大学》上说“心不在焉”底样子，那是绝对没有好效果底；同班学生底程度不齐，注意力不同底关系不少。

注意力。上班底时候，忽闻教室发生大声，大家底注意力，即不知不觉底移向室外；譬如有一人在马路上仰天呆看，顷刻之间，即可招惹许多闲人；小孩读新书，头一课一定格外读得纯熟，这都是天然的注意力。成人底注意力较长，小孩较短，成人能同时看见许多东西，小孩只得看到一样两样。成人之中，注意力也有强弱底不同，即如读书报看信，有底人很快，有底人很慢，还有必须“念念有词”底自读自听，方才可以了解底。

孟子言“收放心”，即是讲注意力，孟子牛羊之譬，王守仁说“人之为学，在求放心，心苟或放，学乃徒勤”，亦即此意。成人与小孩不同之点，除多少长短以外，还有复杂程度的不同：成人同时构成一气底注意多少事物，小孩只能注意一件一件底不相联络的事物。还有机械的习惯也不相同：成人能同时数个官觉并用，如上课时，一面听讲，一面笔记；弹钢琴时，眼睛要看谱，手要弹，脚要踏。小孩走路时眼不看地，就要跌倒，别底更不必讲了。机械的习惯也是于人生极重要底，若是事事时时，无不加以注意，人生就苦极了。打算盘、打字等等娴熟底技术，都是机械的习惯。教育底责任，在教导儿童底习惯，使成为机械的，然后再教他用最高的脑筋，来研究种种复杂事物。还有深浅底不同：成人在人群丛杂中可以读书，又可以“发愤忘食，乐以忘忧”；小孩底注意力都是很浅，如同时必须旁注他事，就不能专一，读书时听见怪声或觉肚饥，他的注意就变迁。又有久暂底不同：成人经验既多，看见事物，研究底意义格外丰富，所以注意底时间可以久；小孩经验太少，又不能联贯，看见事物，“一目了然”，更无剩义，所以注意不久，并且容易困倦。幼稚园底学生底注意时间不出十五分钟，国民学校底学生不出四十至四十五分钟，中学以上，即可渐渐延长。成人读书，大约以连读一点半钟为最适宜，但有只能连读一点钟底，也有能连读两点底，各人习惯有不同。若是过了适宜底限度，无论如何读，总是读不上。又有范围广狭底不同：成人注意底范围狭，所以觉着可注意底事物较少；小孩底范围广，他觉得鸟飞、鸡啼、花开、人走，无一不可注意。课堂中多备图书等物，也就是因为小孩底注意范围太广，多备东西，可以多增加他底兴趣；所以完全受环境的感应底，实在只有小孩，成人比较得少。

注意力之种类。小孩底注意力为官觉的，成人底为知识的：小孩见物，无不注意，成人则否。成人见了“佳山水”，每每与过去的感想联贯起来，高兴时还要动动“诗兴”，即是从知识方面来底；小孩则不然，他只看见一座山、一条河、几株树、几个亭台楼阁，完全是官觉的注意，绝无丝毫感想夹杂其中。比方秋天到钱塘江观潮，在成人看来，觉得那波涛雄壮底气概，真像千军万马，说不得就要摇摇头，念那“立马湖山第一峰”底佳句了；但是在小孩看来，只是一片大水、许多人、几只船，至多不过想起“他去年来时，在此卖[1]过几块糖”罢了。

强制的注意力。因社会底逼迫，或远大前途底关系，成人往往能为强制的注意力，勉强注意他所不愿注意的事。我们研究学问，用强制的注意力底时候很多。因社会，或时势，或志愿之需要，我们就会勉强用功。所以要养成儿童用强制的注意力之习惯，当以儿童的需要为基础。任意的注意力，刚弄这样，又弄那样，不能成就有系统底学问；必须慢慢地利导他，养成强制的习惯，过一年半载以后，小孩便不觉得苦了。这就是由官觉的注意引入智慧的注意底历程。自然人只看见事物底近的结果，文明人可以看得较远；由近而远，就是养成强制注意力底方法。

讲到注意力方面，即发生二大问题，即教育功效是否由

[1] “卖”，疑为“买”。——编者注

“困勉”（用力）方面得来，抑系由兴味方面得来。兴味方面，因为外国行自由选科制底大学，已经有学生避难就易以期多得单位之弊，所以有人反对；而一面则以为困勉终嫌太不自然，不能造就上好人材，况且勉强的也不能持久。现在新底教育学说，要注意“最后的兴味”，既不取无为的勉强，亦不偏重近的兴味。旧教育只知困勉为好训练而完全不管兴味，固然不对；过于偏重近的兴味而丝毫不加强制，也易生弊。最后的兴味即是远的价值，只要使学生了解“现在多用功夫，将来多得价值”底道理，他自不致一味盲目的去“舍难就易”了。但是这种学说，只可适于成人，小孩便不懂什么叫做“最后”；所以对于小孩，应当设法引起其可以觉察得到的兴趣。近来国内教育现状，差不多这两派都已各走极端，或偏重困勉，或偏重兴味；偏重困勉，不但使学生受无为的苦，使他们畏学校如囚牢，而且会阻碍他们的生机。偏重兴味，就养成“避难就易”的习惯，浮而不实的知识。

三、儿童底官觉

官觉是传知识底机关，所以官觉教育也很重要。官觉若不健全，知识就不能十分正确。按近代心理学说，要发达儿童底官觉，应当顺应着他底天然官能，因势利导。

官觉底感觉范围，也有一定限度，如距离过远，不能闻见就是。物理学中底三棱镜，照于日光中，只现七色，紫以外及红以外之色，即不能见；猫能黑夜观物，狗能以鼻识途，而人则不及。盲人底听觉特别发达；惯于打牌底人，用手一摸，就知道什么牌，都是特殊官觉。教育不能打破官觉底天然限度，勉强使人能见紫红以外底颜色，只能以训练使人免去色盲之病。只要有训练，官觉即易发展。

小儿底官能发展时期不能一定。初生即能辨味，但眼睛不能向远处看。二三岁以前，各种官能，都不完备，以后方渐渐发达。等到后来能辨别颜色，则须仰仗教育。教育并可训练官觉，使之精确。

意大利蒙得苏利女士底教授法，就是发展官能底最妙方法，如以有扣有带底布板，给小孩作玩具，使他练习扣缚，渐渐即能自穿衣服。这种教授法，早已风行西方，其实于中国尤为合宜，因为中国孩童，官能多不发达。

小孩摇了摇鼓，一定往嘴里乱塞，即是先试听觉而后试味觉。官能于注意力亦有关系。小孩初生，脑是散的，不能注意。同一用官觉，而受过训练与否，即大不相同。同是一块石头，地质学者见了，他底见解必与常人不同。初打电话，听不清楚；不常同外国人来往，听外国语不大方便；外国人吃中国菜，莫名其妙，都是训练不足底缘故。没有训练，官觉就常常要错，如小孩闻雷声以为神怒，乡人以云为烟所成，以幻想为见鬼。西洋小孩，常以“Butterfly”为来自“Butter”，以“Oats”为来自“Oaktree”即因知识不足，易起误会。中国孩童知识如何，还没有精确调查。美国波斯顿底小孩，有百分之五十三，不曾见过日落底；有百分之三十，不曾见过云底（因为房屋太高）；有百分之五十五，不知木料来自何处底。美国中学生中有因苹果与蕃薯相似，即以为苹果也是由地中掘出来底。所以一方面用官觉，一方面还须观察事实。官觉若未经训练，常易变成幻觉，小孩看见剃头刀及牙医底大钳，他就觉得理发匠及牙医也非常可怕。成人有习惯上的幻觉，如写字写得多底时候，“Psychology”与“Physiology”互相写错而不觉其误。

四、官觉发达与年龄

婴儿只能见大见近，又不能将东西一件一件的分析而观，又因视觉上没有远近的经验，所以看见远的东西，也要伸手去拿。到六个月方能辨明暗，十个月至十一个月能别红黄而不识蓝。小孩最初只能辨别浓色而不能辨别淡色。十二个月至十三个月底小孩看深红与浅红，以为是两个颜色，必至六七岁方能辨别。至七八岁才晓得房间大小及道路远近，但此处至彼处有几里路，还不能知道，教他们记某处至某处若干里，是无用底，因为他们不懂若干里是多少远。所以教小孩地理，只可教以最浅近的东西，如山水房屋，等等。教习教他，说地球是圆的，好像橘子，他下次看见橘子，就说这是地球。美国有一个故事，有一天，有一位先生叫一个小学生说出三个证据，证明地球是圆底，他就举了三个：（1）先生说是圆的；（2）教科书上说是圆的；（3）母亲说是圆的。教习问林肯是谁，他说林肯是林肯公园里底铜像，这都是知识不足的错误。讲到听觉方面，一岁以内底小孩，不能知道声音所来底方向。到六岁还只有百分之六十能记声调底。也有一二岁即能辨别自然韵调底，如小孩唱“萤火虫，夜夜红，飞到西来飞到东，替我糊盏小灯笼”，即是。四岁的只能辨今天，不知道什么明天、昨天、下星期。六岁的还不辨去年、今年。到八岁觉得上午、下午长短不同。九岁以前，觉得一年底光阴，非常之长。此等自然发达底迟早，不是教育所能为力，教育只能因势利导。

按近代教育学说，一切知识和观念都由官觉得来，所以训练官觉，即是造就精确的知识和观念。纯用理性，极易引起误会，近世各种学问，那一件不是实地观察得来，所以养成正确的官觉，的确是当务之急。最好顺着小孩喜用官觉底趋势，因而利导，提倡音乐、手工等等底训练。

以上总讲儿童本有的资本之利用，及如何使其自然发展。

讲到此处，发生两个问题，与儿童知识有密切关系底：(1) 记忆力，(2) 思想。

(1) 我们常常听说，中国人太重记忆而不重了解。实在说起来，记忆实为求知识之基本观念所由来。记忆力分自然的及方法的两种。小孩底记忆力，多为自然的。如记地理名词，必用种种方法以补助之，即是方法的。记忆力是神经系变动底结果，人之高于禽兽，就在记忆力较好。至于生理上的记性好不好，则非教育所能为力。从前记典故底，即是只有生理的机能而无理想上的训练。

记忆力儿童与成人不同。小孩底记忆力多为单独的，所以外国文应在高小就学，算学倒可暂缓。成人底记忆力多为论理的，故成人对于观念容易记得，因为他有意义，单字就比较的难记。儿童各种底记忆，十四岁耳力最好，以后渐退；十五岁目力最好，以后渐退；九岁以前，耳力比目力好；十九岁以前，各种都好，以后就要渐渐的退化了。十二岁以前，具体的事物易记，抽象的不易记。单独的记忆力，只可纯任自然，论理的可以设法增进。

(2) 思想也出于天然。十二个月底小孩就能想，但是不精确罢了。普通言之，小孩思想比成人少，然终身在工厂度最简单生活者，就许不及五岁小孩底思想复杂。成人动作，必先思想，小孩则否。儿童底思想，多偏于游戏方面。他们思想不精密底缘故，计有六种：①知识不足，如因为拔洋娃娃底头发，也会拔母亲的头发，以为一样不痛。②知识不正确，易于误会。③注意不专。④无系统。⑤整块的，不能分析，如指橘为地球。⑥无批评力。

（九年三月至四月，为陈政君笔记，登《北京大学日刊》）

历史教授革新之研究

吾国人观察历史之眼光，周秦之际，别为两派：主张识往古而知今日者，儒家是也；主张知今日而后能识往古者，法家是也。儒家以前者之精神而观察历史，其过也，泥古而不化；三千年来，以三代理想之政治，为治国化俗之标准。法家以后者之精神而观察历史，其甚也，成秦代制度学术之革命，汉兴而一反秦政。自汉至今，中国之历史，不能脱儒家重古轻今之观念。故今所谓中国历史者，俱已往之陈迹，昔日之糟粕耳。愈识往古，则愈昧于今日。此清代顾亭林之所以有《天下郡国利病书》之作欤？

以上所言，为吾国历史之历史。其泥古余焰，犹滔滔于吾国今日之学校。著作家本此恶习，集往日之糟粕而美其名曰新历史。教员本此恶习，聚臭腐之糟粕以酿新酒。学子受之者，无异饮鸩毒而甘美酒也。

欲救斯弊，当弃往日之恶习而革新之。革新之道惟何？曰：利用西洋近年来教授历史之经验，体察吾国社会生活之需要，活用吾国历史之资料，著作家本此以编新历史，教员本此以为教授方法，此作者之欲与实际教育者商榷者也。

（1）教授历史，当以学生之生活需要为主体也。夫教育云者，其宗旨非使儿童受之，以丰富其生活乎？养成其天生之个性，使为活泼灵敏之人，富有改良环境，认识社会种种征兆之原理，具解决社会种种问题之能力乎？教授历史，亦当以此为原则；使儿童受之，得供给其生活之需要。学校中之所以设历史科者，其用意正在是耳。

（2）教授历史，当以平民之生活为中心点也。自英之格林（Green）美之麦买斯得（McMaster）注重平民生活，为教授历史之原理以来，历史教授之根基为之一变。其所著之书，详于言平民之德性，而以王侯将相之粗暴行为为比较。世界之需要，不在王侯将相之特别权利，而在平民之日常生活。王侯将相之于历史有价值与否，以若辈之协助或阻碍平民之进步为论点（见 McMurry：Special Method in History，N. Y.，1910，Chapter I）。吾国自鼎革以来，崇拜王侯将相草莽英雄之习惯，尚不知不觉阴伏于国民意像之中；野心家方将利用之以图个人私利。若教授历史，沿袭昔日崇拜汉高、明太之成法，而不以平民之利害为论点，则他日国家或不幸而生祸乱，不将归罪于历史家乎？

教授平民之生活，当注意下列诸点：如人民居宅之布置，公共卫生之保护；又如风俗、职业、农林、家制、宗教、娱乐、法庭、学校、监狱、聚会；他如战争之结果、瘟疫之传染，及民族之特性等，均须三致意焉。

（3）表扬伟人，政治家与科学家、发明家当并重也。表扬政治家者，所以激励儿童之志气。如吾国之萧何、霍光、房、杜、司马光诸贤，英之格兰斯顿、德之俾士麦、意之加里波的、美之华盛顿、林肯诸贤，其行为功业，皆足以激发儿童之志气。至科学家之功业，其在当世，虽不若政治家之勋赫，而其久远实过之，如元妃之教民养蚕、周公之作指南针、蔡伦之造纸，其有功于吾民者深且远。他如瓦特之造汽机、弗兰克令之发明电源、笛卡尔之发明微积、巴斯德之发明微菌，于人类生活有莫大之关系。今日吾辈得衣锦帛者，元妃之赐也，行远得知方向者，周公之赐也。用纸以传达文明者，蔡伦之赐也。渡大洋，绝大陆，举万钧，一日得行数旬之程，一人得成千人之功者，瓦特之赐也。片刻之间，千里而传讯，弗兰克林之所赐也。以数目符号而推测高深之物质科学，更以之而成有用之工程者，笛卡尔之所赐也。防制微菌之蔓延，消除传染病之流行者，巴斯德之所赐也。世界文明之进步，人类幸福之加增，科学家之所赐予，较政治家为尤多。若欲引起儿童求真理、习勤劳之心，以科学家事功为资料，其效为尤大焉。

（4）历史之范围宜扩张也。吾国旧日之历史，以消极言之，则一姓之家谱也；以积极言之，则其范围实不越乎政治道德。政治道德，不过历史之一部分而已。若以此范围历史上种种之变迁，则推因不远，探源不深；其所测人事变迁之原因与结果，不能合乎事实之当然。

例如，历代国家人民之盛衰，历史家往往以“仁政”两字为盛之原，以暴政为衰之因；于人民户口之增加、生产力之大小、气候地理之变迁、道路之兴废、交通之滞利、森林之颓茂，为国家人民盛衰之大原因者，吾国历史家多不经意。复杂之原因，以简单之“仁”“暴”两字概括之，其有不挂一而漏万者乎？为今之计，则当取旧日之范围推广而扩充之。今请与诸君言美国教授历史之范围。“他山之石，可以攻玉”，幸留意焉。

（5）美国教授历史之范围。美国历史教授之宗旨，不外前所言之（1）（2）（3）诸条。今请以所教授之范围而列举之，虽不免贻挂漏之诮，惟示知大体，聊明其趋势耳。美国近年来之历史教授，置重民力之伸缩、工业之消长、学校政府之改良、税饷之方法、社会各机关，及观念之发达、宗教之自由、教会与国家之分离、邮政之进步、商业旅行之方法，与夫政治社会之发达与现时国民生活有密切之关系者；并使学生知现在社会之成绩，为先世累积之观念、思想，及能力而来；国民之生长、发达、变迁，均有原因在焉；社会及各种机关之沿革及存在，均有国民之思想及需要存焉（McMurry，Chap. I）

（6）教授历史之问题。以上列为范围及宗旨，撮其要点而发为问题曰：何以使儿童适于负担先世之功业乎？何以使儿童适于利用人类之经验乎？何以使儿童之思想、感情、意象三者之中，得存有显明灵活的一幅图画，如先世所经过之危险、竞争、灾祸、胜利，儿童受之，得若身历其境乎？例如汽军之进步、飞机之成功、学校之沿革、大学之存在、制造厂之发达，均由先世之营造而来，当知其所以有今日之地位者，当时曾经多少危险、竞争、灾祸，而后始有今日之成绩也。总之教授历史者，所以使儿童明了现在所处之政治及社会之景况也（McMurry，Chap. I）。假使吾国学生得知自古至今东西之观念及社会各种机关之沿革，则彼等即有能力解释中国所以至今日之地步矣。

（7）教授历史之方法。历史之范围甚广，若一一而教授之，非惟无益于儿童，且将重其无为之担负，失历史教授之本旨。故以方法而言，首当注意选择。不见夫善画者乎？景中百物，非可一一描写之；惟择其合乎画家之想象者而绘之而已。盖未绘之先，必有一定之宗旨；然后依此宗旨而择原料。随意乱涂，必不足以成名画也。教授历史亦然。必先察乎所以教授之宗旨，然后依此而择史材。本篇前者所论述，分为六条，要之，尽关于此宗旨而已。今请依上列之宗旨，而言选择史材之方法。

教授历史者，所以使儿童得先世之经验，而应其生活之需要也。

以今日儿童所处之社会与国家，而察其需要，假定分配吾国历史之时期如下：

- (1) 文明发源时期（自太古至周初）
  - 山川土地之形势（须用地图指明吾国文明发源之区域）
  - 人种之由来
  - 气候（黄河流域之气候）
  - 物产（当时人民持何种物产为生活）
  - 人民之生活
    - 居宅、家具、饮食
    - 社会之组织
    - 村落
    - 家畜
    - 衣服
    - 器械
    - 兵器与战争
    - 宗教
    - 婚丧
  - 政治之组织
  - 领袖人物
  - 异族

- (2) 政治学术发达时期（自周初至秦）
  - 疆土之开拓
  - 南北气候之不同
  - 田制
  - 物产
  - 人民之生活
    - 居宅、家具、饮食
    - 社会之组织
    - 乡党、邻里、城邑
    - 家畜
    - 衣服
    - 器械
    - 职业
    - 宗教
    - 婚丧
  - 政治之组织
  - 领袖人物（政治家、兵事家、制造家）
  - 教育
  - 城郭、道路
  - 制造及发明
  - 学术
  - 异族
  - 战争及兵器

(3) 帝政时代（自秦至清）

- 历代疆土变迁（于民族消长有关系者）
- 历代赋税方法及如何关系人民之生活
- 大战争（于民族消长有关系者）与战械
- 外患
- 城郭、道路、田野、矿产、鱼盐
- 历代之圣君贤相
- 政治之组织
- 教育
- 学术及学问家
- 历代人民生活之变迁
- 起居饮食
- 水灾、旱灾、荒年、瘟疫、盗贼
- 制造及发明

(4) 欧化时代（自明至今）

- （此期插入世界史）
- 欧化东渐大事
- 通商口岸之开辟
- 西洋学术之输入及其人物
- 宗教之输入
- 物质文明之输入（汽机、铁道、轮船、电灯、电报、电话……及发明者）
- 政治组织（立法、行政、司法、中央、地方）
- 教育
- 道路、警政、公共卫生
- 赋税、币制
- 银行、制造厂
- 森林、矿产、盐政
- 进出口货
- 西洋居宅
- 通商口岸之生活
- 内地之生活
- 婚丧

附：世界史教略

- 希腊（注重美术思想及人民之活动）
- 罗马（注重建筑、道路及法律）
- 中古（注重文明滞阻之理由）
- 近世
  - 英（自治制、商业、海军）
  - 德（陆军、制造、科学）
  - 法（科学、美术）
  - 俄（未辟之富源）
  - 美（实业、平民政治）
    - 政体
    - 领袖人物（政治、实业、发明制造诸家）
    - 人民居宅及饮食
    - 交通
    - 实业
    - 商业
    - 学校
  - 问题
    - 诸国何以为世界领袖乎？
    - 现仍蒸蒸日上乎？
    - 其原因安在？
  - 日本
    - 杂新以来大事
    - 道路
    - 交通
    - 实业、商业
    - 人民生活

以上所述，不过略示教授历史之趋向，非敢作完备之列举也。其中头绪虽繁，惟贯澈[1]之主义，不过数条而已，即（1）地势，（2）人民之生活，（3）领袖人物，（4）各时代及各国之特别注意是也。提纲挈领，组成系统，皆有用意存乎其间，已于前半章详言之矣。

选择历史之材料，以授儿童，非易事也。第一，当留意儿童之能力，择其于儿童现在之生活有关系者教授之。如儿童已

[1] “贯澈”，今为“贯彻”。——编者注

习知居宅、衣食、祭祀之事，则以古今中外之居宅、衣食、祭祀等事教授之。又如儿童已习知道路、火车，则授之以道路、火车，并示其重要之功用。又如儿童仰慕领袖之天性，则授之以历史上政治、发明、学术诸伟人，以激发其志气。以已知推及未知，加增其经验，丰富其想象力，养成其思考力，使儿童知一切环境人事，皆有意义，则历史之效见矣。

教授历史，取一二大时代大人物而详论之，优于取诸时代诸人物而泛论之。盖详论一重要时代、一重要人物，则儿童习之，脑中现一种显明灵活之图画，如身历其境者。若泛论诸时代诸人物，则一架枯骨而已。且历史之价值，在重要时代、重要人物；其余不关轻重者，年虽久，事虽繁，人虽多，不过糟粕耳。

知识有比较的价值。如拍照者之撮影，择其林木山川之秀丽者而取之，其余不足轻重之景，概摈于照像镜之外。苏东坡《致王郎书》云："读书如入百宝山，择其宝贵者而归。"即此意也。盖儿童之脑力有限，时光有限，历史虽长，取其最有用者而已。

或曰：子以西史编入中史内，其意何居？且西史为他种族之经验，与吾国儿童之经验甚远，今强而习之，不其偵乎？余曰：否。吾国近年来种种现象，为东西洋文明混合所酿成。试观近年来所谓国会、铁道、学校、市政、建筑、音乐等，何一不受西洋之影响而发生者乎？若但讲中国史，必不能明现时吾国重要问题之意义。教育部《高等小学令施行细则》（五年一月公布，同年十月修正）云："本国历史宜略授黄帝开国之功绩，历代伟人之言行，亚东文化之渊源，民国之建设，与近百年来中外之关系。"所谓略授"近百年来中外之关系"者，若不授西史之重要时代及人物，与乎人民生活、欧美各国特点，其能明之乎？且夫文化者，其产地虽不同，究其极，则皆人类之文化耳。若曰恐儿童之经验太远，则周秦间之历史，如不善教授，其弊同也。苟以儿童之经验为归则❶，人民生活为主题，虽他星球之历史可教也，况吾国日被影响之西洋史乎？

教授历史，不可不使儿童存解决问题之态度。人生世上，无论儿童与成人，均有种种问题以待解决。历史之用意，在取先世之经验，解决现在之问题。非然者，则历史与生活离，失其本意矣。

总之，高等小学之所以设历史科者，在使儿童离校后，略识东西诸大国发达之原因，与夫近时之地位。解决重大问题，虽非所望于儿童，而略识环境人物之意义，凡为国民者，当共具焉。

（七年一月，《教育杂志》）

❶ “归则”，当为“规则”。——编者注

第六编

欧战以后的教育问题

欧战后世界之思想与教育

教育对于时势，有两方面之责任也：一方面为随时势而施教育，曰顺势是也；一方面为纠正时势而施教育，曰变俗是也。

夫学术思想之变迁，有大势存焉。以吾国而言，周秦诸子之学，研究政治、道德之学也；厥后汉尚训诂，晋尚清谈，宋明尚理学，清代尚考据。以欧西而言，希腊诸子之学，知识自由之学也；厥后罗马尚实践，中古尚信仰，文运复兴时代尚自由生活，十八世纪尚天然，十九世纪尚科学，二十世纪则科学之效用大著，而事事不能逃科学矣。当其一时代学术之盛行，凡国中思想领袖，必为当时所流行之学术领袖。及时势变迁时，排众议，斥旧说，而倡新学者，亦必为国中当时之思想领袖。前者知现在之大势，得其精神而为大势之代表。后者能察将来之大势，得其精神而为大势之前导。历史具在，彰彰可考，不待言矣。

学术思想之大势，即所谓时势也。凡一派或数派学术思想盛行时，本其精神而定教育之宗旨，并其施行之方法，曰顺势之教育也。凡新学术方起之际，本其精神而定教育之宗旨，并其施行之方法，曰变俗之教育也。

然无论顺势，抑或变俗，教育家必先知当时学术思想之大势，与夫时代之精神，非此不能谈教育也。盖先有时代之变迁，而后有教育之变迁。故不知时代之大势而言教育，幻想而已，凿空而已。

欲论欧战后教育之趋势，不当徒以“教育”两字着想，而当以欧战后世界学术思想之趋势着想。知世界学术思想之变迁，而后始得知世界教育变迁之真义。不然，徒得其躯壳而已。

欧洲学术思想，战后将有变动乎？抑无变动乎？如有变动，其方向若何乎？曰欧洲（美洲亦包括在内，因同为欧洲文明也）基本上之学术思想，与往日将无大异也。若谓战后西洋文明将有基本上的变动，毋乃视数年之战争为太重乎？盖人类自有历史至今，曾经多少战争，未闻因一战而骤变文明之基础也。然则将无变乎？曰，将有变也，惟无文明基本上的变更耳。其所变更，在注重点之稍易其地位而已。兹择其荦荦大者，其要点有：

一曰国家主义以外，将兼及世界主义也。国家主义，根据于爱乡土之心。人各爱其乡土，开辟其富源，增进其幸福，实为文明进步之基础。推而广之，国民各爱其国家，开辟其富源，增进其幸福，非世界文明进步之基础乎？故不知爱护其乡者，不知爱护其国；不知爱护其国者，不知爱护世界。故善用之，国家主义实世界主义之基础；不善用之，则足以酿无穷之战祸。此次大战以后，国家主义将略改其方向；而世界主义，将有萌芽之希望。由此而论战后之教育，则除训练爱国心以外，将训练对于他国表同情之心。除己国历史、文学以外，将兼及他国之历史与文学。使青年知人之爱己，亦犹我之爱己；他国之爱其文化，亦犹我国之爱自己的文化。推己及人，减少国民之误会，世界主义之基础也。

二曰物质科学以外，将兼及精神科学也。西洋近数十年来之进步，皆归功于物质科学。然而昔日借物质科学之功而建设者，今亦以其力而破坏之；借物质科学之功以养人者，今亦以其力而杀人；利器之误用，其祸盖甚大也。夫物质科学功效之伟大，人人得而知之，而物质科学之杀人，非其罪也，用之者之罪耳。物质科学，不过为促进文明之一方法。文明之宗旨，在发达人类精神上之快乐也。德育也，美感也，皆所以发达人类精神上快乐之具也。由此而论战后之教育，则学校之课程，科学与道德及美感将并重也。

三曰民权主义占胜势也。此次大战之原因，其最重要者，固为国家主义之相冲突。然国家主义中，有帝权与民权之别。德之国家主义，帝权者也。英法之国家主义，民权者也。故以他方面观之，为帝权与民权之战争（中国与日本之加入战团，其原因尽人皆知，不具论）；而民权之终必得胜，无可疑也（俄国革命为民权主义所酝酿而成）。民权主义之潮流，将横行全世界而不可遏，此亦可预言者也。由是而言教育，则当注重自动、自治与训育三者，以养成健全活泼之个人。盖民权之基础，在尊敬个人之价值。尊敬个人之价值，而后始足言自治也。

以上所言，为战后做人立国之久远问题。然此外犹有一紧急问题存焉。此问题为何？曰即战时所破坏之各种事业，急须建设而恢复之也。破坏之利器，为物质科学；建设之利器，亦非此不可。由此而言教育，则应用科学，将为学校中之重要功课。盖恢复战时所破坏之种种事业，其有赖乎应用科学，重且大也。

（七年五月，《教育杂志》）

今后世界教育之趋势

大战方终，创巨痛深。今后欧美之思想，将易其方向乎？战前之思想，一国之中，贵族压制其平民，富人凌驾乎劳动，阶级之思想也。国际相接，大者制小，强者凌弱，国家主义之思想也。方欧战之初起也，国中之阶级主义，潜伏蛰息，贵贱贫富，联袂齐赴前敌。彼操国政者，方喜借此战争，利用平民，共为国家主义而战。岂意俄民发难，俄皇就戮，强熊俄罗斯之帝国，一败而不可收拾矣。德皇维廉，喜强邻之既挫，西阵之胜利，以为一举灭法，称雄世界之大梦得以实现。岂意频年用兵，内乱蜂起，而俯首求和矣。挑国外之战争，弭国内之革命，政治家之所认为善策者也。今其结果与希望完全相反对，是乃此次大战之一大教训也。欧美思想界受此大打击，而深思其故，知此中有大原因存焉。夫贵族宣战，平民殉身于战场，贵族坐享其利。然而平民之视死如归者，盖有二大原因存焉。一曰保护同胞之权利，战之本义也。欲保权利，愿以身殉。二曰迷信。帝权时代，为帝皇而死者荣。国权时代，为国家而死者荣。因有所迷信，故愿以身殉。迨时迁势移，贵族利用人民，以图一己一党之私利。及为其所利用者，一旦觉悟，迷信顿去，则倒戈相见矣。德俄两国，以帝国之权而驱平民战，故当其迷信未去也，则军队横行，有万夫不当之勇。及其觉悟，则千万之壮士，如怯狐而遁逃矣。思想之变迁，其势力足以左右一国之命运。观夫强俄狠德之挫败，其理灼然自明矣。

爱国犹爱家也。当其全家和乐，为子弟者，见家有患难，莫不奋身以救之。若家主专横，驱子弟以攫取邻家之物，则为子弟者宁有不叛者耶？此德之所以败，而英法美之所以胜也。

然前此家主之专横，子弟不敢抗也，胡为此次战争而独然耶？曰此平民主义发达使然也。俄德之民苦专制久矣。昔日之不敢动者，以有军队之压力故也。今雄兵在外苦战，国内实力空虚，是与平民以莫大之机会也。酝酿已久，一旦冲动，轰然暴发，莫能阻也。故其势澎湃，世界各国咸受其冲，而阶级制度、国家主义，不能当此猛力之潮流，而倾倒无余矣。

吾之作此言也，非谓世界今后无国界也。千百年后或能臻此理想世界，若孔子之所谓大同，耶稣之所谓天国者，而今犹未也。然以趋势而言，平民主义之发达，足以杀军国主义之势焰。此吾教育界之所当注意者也。德既败矣，采德国主义之日本，近亦渐渐觉悟，观夫东京普通选举之运动，与夫各报之同声鼓吹可知矣。又近月以来，日本教育杂志，对于平民主义，连篇不绝之议论，尤足证日本教育界之感受世界潮流也。若夫美利坚者，固平民主义滋生滋养之地，今其发达，正未有艾也。

吾人平心思之，地球之大，物产之众，固足以养众生而有余，今夫贫家之子，衣不御寒，食不能饱，而贵族军阀，复驱之于死地，以求少数人之虚荣厚利，试问当乎不当？

孟子曰，逸居而无教，则近于禽兽。故凡为人类者皆当有教。教何以哉，教为人耳。今之教者，或教之以为兵，或教之以为工，或教之以为农。而不知教之以为人。是以教愈敝，而世事愈不可问矣。夫古代之贵族军阀之所以能生存者，为其能保民也。然以权利所集，其结果竟至于祸民以自祸，而其教育遂为祸民之教育矣。故贵族军阀之教育，养成魔鬼而已。

世界之进化，有阶级焉。最初为神权，降而为帝权，再降而为国权，由国权而蜕化，则将为人权。介乎帝权与国权之间者，日本是也。介乎国权与人权之间者，英、美、法，是也。然观夫今日之大势，将群趋于一途，而咸以人权为归。故图百年之大计者，必以人权为教育之目的。德国近日教育界之觉悟，英国及法国义务教育期限之延长，美国注意乡村小学之改良，日本国民平民主义之主张，皆受此人权潮流之影响者也。孟子、卢骚、裴斯塔洛齐及福录培诸哲教育学说之所以经世而不磨者，以其但认有人而不认有阶级社会与夫国家主义也。教育云乎哉，行之而得其当，则养成有真价值之人，行之而不得其当，则造成魔鬼。社会之退化，国际之冲突，人类之痛苦，皆此魔鬼教育为之厉阶也。

溯自吾国变政以来，八股之科举敝，改策论，策论之科举敝，改学校。今学校已成变相之科举，将何改乎？驱天真烂漫之儿童，而入变相科举之学校，危乎不危？吾非谓国中无良善之学校也。吾为大多数之学校言之耳。国家之进步，人类之幸福，赖教育平均之发展，少数之良善学校，不足以致此。查先进国之入学人数，占人民总数五之一。据教育部最近报告，吾国入学人数共占人民总数百分之一。即使吾国所有之学校，尽施适当之教育，而此百一之势力，能有几何。平均云乎哉，吾为吾国之社会，抱无穷之隐忧也。

总之，今后世界教育之趋势，以发达人权为归。而国中发达人权之教育，当求其平均与普遍。顺乎此，则社会进化。逆乎此，则文化凋敝，苟明此道，则教育之方针得以定矣。

（八年三月，《新教育》）

世界大战后吾国教育之注重点

欧战开始以来，已经四载。于戎马倥偬军书旁午之际，欧美人士，不忘百年树人之计，对于教育问题，煞心研究，不遗余力。去前两年之间，欧美报章，对于战后教育之进行，论著甚多。而专书论此为余所见闻者，英有伯特来氏（Badley）之《战后教育》（Education after the War），美有地恩氏（Arthur Dean）之《战时及战后之学校》（Our Schools during and after Wartime），法有彼高氏（Pécaut）之《战后之学校》（L'Ecole aprés la guerre），日本有民友社发行之《战后之教育》及同文馆之《战后我国（日本）之教育》。回顾吾国，对于此大问题发布言论者，凤毛麟角，不可多观。

当今之世，世界潮流之趋势，无国能逆之。甲国与乙国起重大交涉，而丙丁戊等国，决不能处旁观地位。是以此次欧战之初，因俄奥交涉而牵动德法英比诸国，既而及于土耳其，而日本，而意大利，而美利坚，而中国。夫兵，凶器也；虽所不愿，无可为力；潮流横来，莫能幸免。此所以今日之谈政治、实业、学术者，不得不察世界之大势，而为相当之设备。夫教育何独不然？战后之教育，实为立国之一大问题，然欲言战后之教育，不得不先言欧战之原因及希望战胜之基本需要。

欧战之原因，甚为复杂。若历史、地理、人种之关系，非千百言所可得而尽。今撮其荦荦大者，厥有两端：一曰经济之竞争。德国于近数十年来，重科学，讲制造，辟商务，其目的在图经济之发展。而英国之开辟殖民地，其目的亦在此。英德两国，各以全力图经济之发展。在南美、南非、巴尔干及亚东诸地，利益之冲突，已日甚一日。识者固早知两国必有一日而决裂也。德之与俄战，其目的物在英。英助比、法、俄，其目的物亦在德。故欧战之初期，为英德两国经济之冲突。厥后各国各以利害关系，加入战团，遂成世界战局。二曰国家主义之竞争。奥之欲并吞塞尔维亚也，其蓄志已久。塞人杀奥太子，奥将乘机以灭塞。俄以塞为斯拉夫人种，故与奥战。德以奥为同盟，故与俄战，又以法与俄同盟，故亦与法战。德自以武力之足恃，梦想灭法败俄而雄视世界，英于是不得袖手旁观矣。德以有精练之军队，视世界若无物，苟其战胜联军，则首受其祸者美国也，故美亦不得袖手旁观矣。欧战之始也，为国家主义之冲突。连战三载，而世界思想在烟阵云雾之中，究莫知其何为而战。自美加入后，威尔逊始以“为世界求平民主义之安全而战”（Make the World Safe for Democracy）号召天下，与德皇之条约为“一撮碎纸”（Scraps of paper）相对待。于是国家主义之激战，转而为平民主义与武装主义之激战矣。

将来之结局如何，当以下列三条件为断。今请为读者诸君析而言之。

世界战争结局之条件：一曰经济之能率。二十世纪为经济社会。其经济能力低下之国，在太平世，不足为人民求幸福，在战争时，不足为国家实军备。况近世战费浩繁，一日之军费，动以百万计。经济能率低下之国，其败也必矣。美国加入战团，为德之所畏者，美之经济力也。故经济之重要，不待言而自明。二曰个人之能率。无健全之个人，必无强壮之士卒；无强壮之士卒，其能组识强有力之军队乎？美之初入战团也，议者谓美国向不重军事训练，驱一无训练之国民而与德战，其前途恐多悲观。然而今日美军之在欧洲战线者，已成德人之劲敌矣。此无他，美国人民素具强伟之体质，独立之精神，故易于训练也。三曰社会之进化率。有强健之个人，处不进化的社会，而卒遭大失败者，俄国是也。有强健之个人，处进化的社会，总统一呼，全国响应，将来必告大功者，美国是也。方美国与德宣战之时，总统以一纸文告，令全国青年自十九岁至二十九岁者，一律注册，预备入伍，一日之间，而全国青年均往就地各机关注册，无敢不到者。他如全国人民，受政府之忠告而节省食物，学校儿童，种植园地以增加食料，及制作绷带以助红十字会，全国实业机关均自愿听政府之调度，以助战事之进行，其预备之神速，运用之敏捷，殊足令人钦佩，此无他，其社会进化率高故也。有雄伟之经济，强健之个人，进化之社会，则战时可制胜势。平时可求国利民福。故战后之教育，其目的不外乎求此三者而已。英国国会近来提出一议案，欲延长义务教育之年限，及提倡体育及补习教育。美国有请中央政府提拨美金一万元，作为推行补习教育、奖励体育、改良师范学校、延长义务教育之用。法国亦有延长义务教育年限之议。此足为吾人借鉴者也。

依上列三条件而谈战后之教育，吾人所当注意者，以教育行政方面言之，厥有四端；以学校设施方面言之，厥有五端。

今请析而言之。

(1) 教育行政方面。

①随地随时推行义务教育，以促进社会之进化。欧美各国，自实行义务教育以来，社会进化，一日千里，彼犹以为不足，欲延长其年限。而吾国则虚耗巨帑，从事国内战争，国民教育，视若无足轻重。社会之进化与退化，于此已判，遑云其他？然吾国一旦欲全国实行义务教育，殊非易易。故入手办法，须随地随时，按年进行，先施诸京师及各省会，次及府会及县会，划定区域，节节进行。作者于旅行东三省时，见吉林省会，已试办义务教育，划省会为若干区，凡居住区内之儿童，必须入学，今其成效卓然可观。又浙江慈溪山北地方，以沪商虞和德之提倡，由虞氏族中公共主持，凡居住该地方区内之儿童，必须入学，其家甚贫者，由学校每日津贴洋一角，初办之时，受津贴者约百人，至今只六七人而已，此虞君之亲为作者言者。是随地随时，划分区域，酌量地方情形，兴办义务教育，必非甚难。吉林省会、慈溪山北，足为吾人参考者也。

②随地随人施设职业教育、补习教育，以加增经济之能。率去年美国国会，通过一议案，由国库提拨巨款补助各地方之职业学校；逐年加增，八年后，增至美金一千一百万元；每年由中央政府按地方所出款项之多寡分配（例如地方出百元者，中央补助百元；地方出千元者，中央补助千元，照地方所出之数补助之）。他若英国强迫补习教育之议。德国之推行职业教育，固为各国之先导，今其战时之经济力，仗此者正不少。吾国今日民穷财竭，流氓遍野，补救之道，舍职业教育、补习教育，其道末由。试办之法，可就大都会大商埠中，调查职业状况，参酌地方需要，设立乙种工商业等学校。惟实习务须注

重，其实习时间，至少居校课之半，则纸上谈兵之弊，庶几可免。

③推广大学及专门教育，以养成倡导社会进化加增经济能力之领袖。义务教育、补习教育、职业教育，足以增进平民之知识技能，而促社会之进化。然而平民主义，非有领袖为之先导，必难进行。大学及高等专门教育者，所以养成平民主义之领袖者也。观英美大学学生，对于战时之多能牺牲者，可知矣。以我国幅员之广，人民之众，而全国国立大学，只北京一处，将何以养成将来之领袖乎？世界各国大学及高等专门学生数，每人口十万人中，瑞士得二百六十二人，德国一百七十八人，苏格兰一百七十三人，美国一百七十一人，英国一百人，奥国九十九人，法国九十人，意大利八十八人，俄国四十四人，中国则七人而已（由民国四年度至五年教育部报告推算而得）。西人尝谓中国少领袖人物；今受高等教育人数若尔之少，领袖将从何出乎？除出产草莽英雄，如《水浒传》中之领袖人物外，以今日高等教育之幼稚而论，吾又将何处觅平民主义之领袖乎？

④推广童子军以养成自动自助之能力。童子军非为武装主义之预备也。其宗旨在使儿童于种种动作多兴趣时，导以作种种有益之动作，养成自动自助及助人之习惯。果使吾国懦弱怯后之儿童，加以训练，而成强毅活泼之儿童，则今日懦弱怯后之国民，他日庶几蜕变而为强毅活泼之国民乎？

（2）学校施设方面。

①发展个性以养成健全之人格。人格教育，非道德教育之代名词也，亦非保守遗传道德之谓也。人格云者，本个人固有之特性，具独立不移之精神，其蕴也如白玉，其发也如春日，

而此特性，此精神，即所谓人格也（参观本书第三编之“进化社会的人格教育”。）。此特性，此精神，均为个性分内之物，发展个性，即所以发展此特性此精神也。欲增进个人之能率，此其一端也。

②注重美感教育、体育以养成健全之个人。美感教育者，所以发展个人优美之感情，即王阳明所谓唱歌即所以发扬其意气之谓也。西洋人以增进个人之欲望为则，东洋人以抑制个人之欲望为归。吾国若不采取西洋之文明则已，如欲采取，当以增进个人之欲望为前提。欲增进个人之欲望，则图画所以发扬其想象力，舞蹈所以发扬其奋兴力，音乐所以发扬其感情：此数者，皆足以养成活泼之个人也。又人类有天生优美之身体，所以寓天生优美之精神也。希腊人有恒言曰“健全之心寓于健全之身”（Mens Sana in Corpore Sano），或译健全为美丽，则美丽之心，寓于美丽之身矣。盖希腊人之观念，美丽者必健全，健全者必美丽，二者不可须臾离也。故欲发扬美感，非有健全之身体不为功。体育者美育之基础，两者并进，健全之个人乃成。欲增进个人之能率，此其又一端也。

③注重科学以养成真实正当之知识。近世西洋学术，莫不具科学之精神。科学云者，好求事实，使之证明真理是也。我国思想学术，向不注重系统，故往往以一人之言，前后冲突，东西背驰。欲却其病，科学其良剂也。欲养成头脑清楚之国民，科学其圣药也。又近百年东西洋种种进步，其原因在能制天然力而为人用。科学者，即制天然力唯一之利器也。

④注重职业陶冶以养成生计之观念。尊重劳动，为欧美经济发展之基础，二十世纪工业社会之柱石也。儿童求学，除训练其思想、技能、身体外，须养成其劳动之习惯。德国教育部

于1912年（民国元年）发一通告云："公家学校中大半学生，未受工作之教育，故儿童对于劳动之兴趣，甚为薄弱，勤劳之习惯，渐渐消灭。此非但大城市中之学校为然，国中多数之学校，大都若是。是以手工业中，多抱乏良徒之叹，工业界中，缺乏有技能之工人……故训练勤劳，为工业社会之所必需。工人受训练，则社会始获种种新发明之利器，而德国得操胜势于世界商业竞争之场矣……"吾国今日之情形，能劳动者，不受教育，受教育者，不能劳动，甚至轻视职业，以不作工为高。则学校愈多，而游民亦愈众矣。职业陶冶者，所以养成尊重劳动之精神，而为世界工业竞争之基础也。

⑤注重公民训练以养成平民政治之精神，为服务国家及社会之基础。由健全之个人，组织进化的社会。进化的社会，还以养成健全之个人。个人与社会，实为一有机体。凡训练个人以服务国家及社会者，曰公民训练。学生自治团也，学校服务团也，公民团也，童子军也，皆所以训练公民之方也。欲解决将来政治上之问题，使我国达到完满平民政治之目的者，当于今日之学校开其端也。

（七年十月，《教育杂志》）

欧战后英国之教育

（英国 J. H. Badley 原著）

第一章 导 言

战后建设之当预备——战后之建设，已成为吾侪之口头禅矣。现在全国之力，方集中于战事，吾侪固尚无暇时以从事种种之改革，然凡事豫则立，战后建设之预备，其亦为吾人所当注意者也。战事初期之疑虑，现在可以消除，而将来之结果，已有积极之希望，因此不得不思及将来之建设问题。且欧战之停止，或将如迅雷之不及掩耳，犹战事初起之速者，吾侪可无先期筹划以应日后之要需乎？地图之改变，疆界之重订，使和议得以持久，固为政治家之事。然吾侪得以协助其进行者有二方法焉：一曰消极之协助，不为无谓之议论或举动，阻碍政府之政策是也。一曰积极之协助，尽吾所能，研究国际经济、政治诸问题，酿造健全之舆论，维持英国所以参与战事之宗旨是也。抑犹有进者，吾侪于注意和议以外，当从事新英国之建设。使英国之思想与习惯，适应于战后之新世界，不然和约一定，吾侪即忘却往时之痛苦，而回复昔日之旧习惯矣。

恢复损失勿忘经验——战争之损失固当然恢复，然战时所得有益之经验亦当保存之。数年以来，使吾侪观察经济及社会种种问题之眼光为之一变，艰难痛苦，以应时势之要求；此中所得之经验，当永记勿忘。时机将至，当利用之。向者吾侪因迫于战争，集全国之力而从事组织，以应战事之需要。自今日起，吾侪又当从事组织以应持久和平之需要。

利用时机之不可缓——战争之损失，吾侪不得不恢复之。因战争而察觉之弱点，吾侪不得不补救之。惟图恢复补救与夫思想社会之变更，则英国改革之时机至矣。国家之精神因战而振，改革之心愿因战而固。未战以前，吾侪昏梦度日，自安其愚，非惟不知战之将至，且不知和平时之需要也。迨战祸横加，始知向日之苟安为非计，对于政治、工业、社会诸问题，向日以为不足轻重者，今知其急待解决矣。临千仞之深渊，始窥前途之危险，吾侪惟知用全力以逃避之，迨离渊渐远，则复忘之。国家大计，当图久远。吾侪不当徒知尽力以为战，当更极吾力以为和议成后图久远之事功也。

教育之能力——一国之需要，固不能以短促之时间而尽应之；考察试验，必积累世之功，而后始有成效。吾侪所可为力者，惟肇其端而已。发荣滋长，须待来世之人。然彼等之能力如何，当视吾辈预备之方法如何。将来建设之实功，操于现在儿童之掌握中。彼等成人后，能否建设伟业，在视吾侪所设施之教育为何如耳。故将来国民之事业，尤借现今之名相良将、贤父慈母、贤师为之立其基。吾侪所为者，非惟有关英国之前途，将来世界之和平，亦有借乎此。欧洲联邦或世界联邦之制度，以现时吾辈眼光视之，固若蜃楼海市，徒抱幻想，然推诸将来，亦非不可能之事。吾辈施行教育，不可不于此着想。世界之命运悬于教育，故于一切之教育制度及方法，当洞察精微，使确具实行之效能，而于教育之精神与宗旨，尤当三致意焉。自襁褓而至大学，吾辈当改良方法，改定标准，往日苟且敷衍以国家之命运付托于所谓“国民性”三字，一若但持“国民性”，国家困难问题即得借以解决者。今则此种观念，自当扫除净尽。吾辈之所能使儿童受适当之教育，为建设战后新世界之预备。德国教育之成绩，足为吾侪借鉴者；彼以教育之力纳全国国力于一轨，使向其所定之国家方针，一致进行。惟以其方针谬误，终至贻祸国家，扰乱世界，然而教育之能力于此可见。或求善，或为恶，在吾侪自择之。假使吾侪以德国洞察精微之习惯、信仰、教育之精神，施于英国之教育，别定标准，另求宗旨，则世界之幸福，正有赖乎是矣。

对于教育之标准及精神之献议——若此次大战所经之忧患痛苦，使吾侪得知教育之足以酿弥天大祸。以其能力而论，则教育对于国家之重要不言而喻。故吾侪当极其所能，使教育为全国之教育，设施推行，至于其极。进行大概须有一定方向，乘此战争机会，实行改革教育，则此次所受之损失，焉知非若塞翁之失马欤？敢陈之意见，聊献刍荛。

教育之异义——“教育”两字，意义不同。以教育为命名，而各人心目中之见解不同。报章议院之言教育，则统计也，预算也，宗教之激战也。小学教员终日以教科忙，故其言教育，则易入时间表、课程表、课堂训练之窠臼也。教育局之言教育，则组织也，学校制度也，课程标准也。教育家之言教育，以广义言之，则训练各个之儿童，使得受享完全之生活，发展儿童所蕴蓄之能力，使身心人格，发达至其极。

教育之两方面——教育有两方面：曰国家的，曰个人的。以国家教育而论，如吾侪希望来世之人，有建设之能力，尽伟大国民所应尽之义务，吾侪必将英国之教育推广而改良之。惟以此问题之复杂与根本上之关系言，决非可草率从事，必具政治家之眼光，教育家之经验与哲理，使教育之宏旨，不为琐屑小事所抹煞。作者不敏，不足以语是，惟竭其绵力，略举所知而已。

教育非仅限于应工业或社会之需要——教育之宏旨，非仅仅应职业或实用之要求而已。两者之需要，为时势所要求，其当注意，固不待言。但进而言之，以教育为应社会各阶级之需要，亦未尽适当。吾侪不当但以将来之工人视儿童；更进而言之，吾侪亦不当但以将来之公民视儿童。

教育当发展天生完美之个性——夫儿童之当有职业，与夫成一有用之公民固也。然此犹未足也，吾侪当思儿童为一人，具有生命，除职业公民资格外，其所需正多也。关于个人教育之问题，如知识、训练、思想、人格及受教育之机会，此皆与国家教育之问题同。其所不同者，为两者之用意而已。盖一则在利用全国之能力为国家服务，一则在求个人之发展与其幸福也。以狭义言之：则二者似大相径庭，以广义言之，则实相成而不相背也。何则？国民个人之幸福与其能力发展之圆满，实为国家宝贵之资产也。教师苟能以其全力发展儿童之个性，丰富其生活，尊贵其人格，因此而为国家有用之材，则彼为教师者为国家尽力不少矣。教育当以国家之标准为归，如以体、智、德三者为基础，建一伟大之国家，有伟大之实业与商务及适当之国防等是。然发展个人而至其极，当为国家之一重要标准也。国家伟业之最后基础，实为由教育系统所产出之男女国民，而教育之价值，尤赖乎国家之精神。盖教育之生气勃发，实由此活泼之精神酝酿而成。男女国民之人生观，及其所见生命之价值，与夫对于形上形下诸物之态度，及其自治程度之高下，实为左右国家命运之原动力也。

教育之精神与正的——以上所言，为教育之正的及所希望之结果也。他若设立机关，使人享求学之便利，或从事功课适当之分配，或做有生产力的功夫，虽皆为教育之要图，惟不可窥管自足，而忘却管外尚有更大之天存焉。唤醒儿童之兴趣，养成思想之习惯，推行适当之训练，激发儿童之感情与意志，此为教育之精神。无论何种教育之计划，皆当以此活泼之精神为先导，使万事有蓬蓬勃勃之生气，教育之正的，其在斯乎！

第二章　国家教育

（一）推广教育

第一之需要为推广教育——推广英国之教育，为现今之要图；人人知之，固不待详论而明。无论以应用主义或以理想主义言之，推广教育之需要，固不容稍缓。英国若不愿长保为世界领袖国则已，若欲久远为世界之领袖，则多数国民必受有适当之教育，然后能共负解决世界问题之责任。况吾英国以民权自治为政治之原理，则达此原理之方法，舍教育其末由。若以应用方面言之，英国如欲长保为工艺商业之前进国，则大多数之劳动者必受工商教育。此次战争所得之经验，已足以使吾侪之自悟。虽然，推广教育之用意，固夫人而知之，推广教育之方法，可得而闻欤？

推广教育之三方法——推广教育云者：加增教育之容量，定最低限度之标准，一也。扩充教育之机会，使人易得最低限度以上之教育，二也。然大多数国民，以限于生活之状况，国家虽设教育儿童之学校，而彼等实乏机会以受初级以上之教育，故为大多数国民着想，推广教育之方有三：一曰，延长强迫教育之学年；二曰，扩充补习及工艺学校之系统，使初级卒业后入职业之青年，得补习各种学艺；三曰，扩充升学之阶梯，使受初等教育者易入中等学校，而达大学。今请为读者言其详。

强迫教育至十八岁——以英国现在教育情形而论，大多数儿童之入初级学校者，年达十四岁时其受教育之机会中止（大多数之儿童，即将来大多数之国民也）。且更有速于是者，因儿童之聪颖过人进业较速者，往往未达十四岁而得退学之准许状，故有十二岁而得退学之许可者。是种儿童正宜多受教育，而幼年中辍，不其可惜乎！儿童离校后，无论其所受何种职业之经验，而幼年男女正在发育之际，乃停止其知识、身体、品格之训练，使其将来之成功，付于不可知之手，危乎殆矣！即以体力而论，男童正在发育之际，使之工作而阻其滋长之体力；女童以求区区之工资，终日忙碌于工厂之中或家庭之内，使弱其体力，将来成母，祸及子孙；青年男女，既乏教育之指导，则择友必不知其方，游息必不得其道，苟不幸而得无赖以为友，不正当之游戏以为休息之具，则终身受其祸矣。此不特个人受其祸，国家亦受其祸也。故不行强迫教育而使青年儿童作工，可谓天下之至愚，将贻国家莫大之后患者也。若以社会而论，则多一失学之人，即增一乏技能的工人。若强迫教育之期不延长，则多数人不得享适当之教育，是使多数人为乏技能的工人也。消耗国民之能力，莫此为甚。而个人之受其害，更不必论矣。

半工半学——无论据何理由立言，学年之延长，不容稍缓。或谓强迫学年，可延长至十六岁，其办法有二：（1）在小学加长年限。（2）十四岁后入高级学校或中学二三年。以前者言，则小学必骤增种种困难问题，改组殊非易易。以后者言，则学生之入中学，不过为一种程序，无甚实效。故吾侪当主张一种根本改革之制度，强迫学年须延长至十八岁，惟十四岁后得半工半学，限制作工之时间，使无碍于学，取缔操工之性质，使无碍于卫生。若学生之聪颖过人者，当送入中学。至十八岁后（至早十六岁），始令半工半学，以半日操有技能之职业，以余时入特殊工艺学校学习。

十四岁后入补习学校——凡十四岁至十八岁之儿童，不能完全受学，而必须半工半学者，则入补习学校。无论城乡市镇，均须设立。其每周入学时间，亦须规定，以大概言之，每星期以一半之时间入学（约二十四小时），内至少以十二小时为智育，余为体育。若其工作之场为室内空气不甚佳者，当使之户外游戏。补习学校不宜授夜课，因终日工作，身心交疲，必无余力从事学习也。补习学校宗旨，不当偏重应用，盖学生既在外工作，与实践生活磨炼，应用方面，不患其不足。故当兼重品格之训练，以助其个人之发展也。

或入工艺学校——预备程度较高而欲入专技之职业者，当使之入工艺学校。其课程当与地方之实业相联贯。入学生徒年当在十六岁以上。盖十六岁以下之儿童，虽受专技教育，而无甚效果，此已为一班教育家所公认者。青年之人，知识未广，经验未足，其决断视察之力，往往薄弱，而于将来究操何种职业，尤无定志，故自十四岁至十六岁之间（十四岁之末，十五岁之始，至十六岁之末，计二年）当受一种中等教育。自十七岁之始，至十八岁之末，则半日操工，半日入工艺学校，其课程除专技训练外，当授以知识、品格、体力之训练，俾思想与专技并进。

有力深造者十二岁入中学——他若力足以入高等教育机关，而求高等学术或专门学问者，则当设各种中学校以为预备之地。凡此种学生，须于十二岁时入中等学校。英国各种中学校，皆有特长，故可并立于国家学制之中，惟均须受政府之观察，各中学之课程、组织、声誉，任何不同，均须有广大之训练基础，不可过于狭窄，致缩小学生处事之眼光。且中学之数不宜太少，当以能容国中之求学之人数为度，不必拘于考试，当以学生所有之成绩及教员之评断为定。

改良学制使易于升学——凡学生之有能力者，当使其易得受教育之机会，俾一国青年之能力，不致因乏教育而废弃。由是言之，自小学而至大学，凡困于经济而不能求学者，当免一切费用。由小学而入补习学校或工艺学校为国民求学之一途，由中学而入大学又为一途，各量其力而入之，惟无论由何途而求学，均当免费。夫如是始得达教育机会均等主义，中学与大学之免费，可以考试定之，小学与补习学校等均一律免费（中学卒业考试，可分两种：一种为及格考试，凡及格者均得入大学；一种为名誉考试，凡得名誉奖者，入大学后得免费。若家计尤窘者，另给津贴若干）。

推广大学——上所述者，果已完全实行，则现存之大学，其设备须大加推广。大学生活须更趋于平民的一方面。且当以人口为比率，添设大学，以此比率而论英国大学之数，尚大落他国后。然将来必有觉悟之日，知高等教育不当徒为高等学艺而设，且将应工商业之需要也。英国学者对于此计划之表同情者，日益增加，其困难问题，不在经费而在一时难得如许之教授与校舍耳。

世界各国大学学生数与人口比较，瑞士第一，德次之，苏格兰又次之，其次为美，为比，为瑞典，为英国。兹将各国每人口十万人中之入大学（高等专门附）人数列表于后：

国家名	数量（人）
瑞士	262
德国	178
苏格兰	173
美国	171
比国	142
瑞典	114
英国（指帝国）	100
奥国	99
丹麦	97
法国	90
荷兰	90
意大利	88
英国（指本岛）	74
瑙威	74
俄国	44

经费问题——如补习学校、中学、大学，既设免费，复加推广，则教育经费必大增加。不独推广已也，且将从事改良，如加添校中设备，聘请曾受优美训练之教员，采取小班制，以及其他种种。然推广改良，两者同时并进。则国家教育岁费项下，必较往昔增加数倍。战事方罢，债积如山，国家以还偿国债，疲于奔命，且战事所遭种种损失，急须补偿，又何有余力以筹划此骤增数倍之教育费乎？曰：此言诚然。然战后之要需，其有甚于教育者乎？两年之战，英国所费之巨，已足令人

惊愕。以此而论，无论何事，吾英国苟一旦有其决心，天下事无不可为也。若吾侪决以推广改良教育为战后之急图，英国必有筹款之能力，可无疑也。一星期之战费，足以补给新教育之岁费矣。昔时用之于破坏者，今得用之于无上之建设矣。将来社会生产力加增，其取偿必有加于其值数倍也。

（二）改良教育

第二之需要为改良教育——推广教育，为国家之要图，前已言之矣，然犹未足也。延长学年，广设强迫补习学校，扩张中学大学诸计划，虽甚要者，然犹未足尽应英国教育之需要。若吾侪希望推广教育圆满之效果，则当增高各种学校之程度，即所谓改良教育是也。如改良教法；重组教科；实施训练；使目的精神两者，贯澈于教育全部，俾于教育之真价值得适当之标准焉。

加添科学：第一问题为科学之性质，吾侪尝闻教育界之通论，谓教科之中当加添科学，如化学、工程两者，战时为国家制胜之要具，平时为人民安居乐业之基础，故当以教育之全力注重之。注重近世各国语言文字：化学与工程而外，则有以各国近世文字为教育中之重要科目者；谓近世文字，为推广商务之利器。英国人民，以昧于各国语言，与其人民特性，故商业竞争，动落人后。以上两说，一重科学，一重各国语言。其注重点虽不同，而其改良教育之用意同也。其用意维何？曰：主张教育须重实用以适应近世生活之需要，并反对旧教育之偏重古文学是也。减少古代文学：对于科学与近世文字之呼声所以日高者，盖有原因存乎其间也。主张古文学派之竞争激烈，惟老派之势近已大衰，虽于中学大学之中，彼辈犹筑壕固守，而新派之势已足凌驾其上。夫以拉丁为求知识与训练唯一之途，固已久矣。虽其效用之处，不可厚非，而大多数之国民，实乏暇晷从事此种训练。故吾侪必思有以代替之者，拉丁、希腊文字诚为智育之要科，然其范围太狭，吾侪当以他种学科以补不足。以大多国民而论，智育之要器不在拉丁、希腊文字，而在他学科也。由是言之：科学与近世文字之呼声日高，不亦宜乎？

科学为教育之一重要部分——无论以开辟富源而言，或以科学之知识与方法求各种工作之效能而言，或以之为解决种种问题而言，科学价值之大而其效用之深，人人知之。若夫制胜天力，利用厚生，或农矿，或制造，更非科学不为功。况现今世界机械之用甚广，日常要需，无一不借机械。吾侪得弗略知其构造与用法以享机械之利益乎？更进而言之，现今世界之思想与科学观念有密切之关系，吾侪得弗略知科学之方法与发明以与近世思想相调和乎？他种学科之孰急孰缓，今姑勿深考，而科学之在各教科中，必占一重大位置，无可疑也。

近世各国语言文字之重要——至于近世各国语言文字，亦当居重要地位。盖方今之世，万国交通，通商交好，天涯比邻，如不识其语言文字，则彼此易起误会，故近世语言文字之学，足以和洽各国感情，而为免除将来争端最善之法也。

教育不可拘于应用一方面——虽然吾侪于一方面固当承认科学与近世文字之重要，而他方面不可借排斥非应用的各科，以表示应用之要，亦不可对于不急应用之诸科，视为绝无价值。一般注重科学与近世文字诸人，大声疾呼，固以开辟富源，振兴实业，发展工厂，推广商务为要图，其理由之当，不待辨而自明。教育而不知此数事之重要，或知为重要而不予以适当之位置，则国家人民咸受其殃。然若视之过重，以此为教育唯一之宗旨，而以工商业之盛衰判教育之价值，则贻祸国家人民，亦非浅鲜。盖学校非专为养成工人而设，教育第一之要旨，非在养成一般良工巧商而已。盖尚有尤要者存焉。

尚须养成适当之理想与观念——吾侪欲得科学或商业或他种训练之真价值，则当虚心受教，欢迎新思想与具判别之能力。英国对于此种要点，甚形缺乏。经此次战事之艰难，吾人已稍稍自觉，虚心受教，欢迎新观念与乎具解决问题之思力诸点，皆为吾侪之要需。非独思想家、发明家及国中领袖人物当具此种能力，即一般平民均当具之。吾侪如不忘此诸点，则自不致陷入偏重应用之迷途矣。养成一好工人，过重应用，犹不可以为满足，况养成一好国民及好人乎？故于应用主义以外，吾侪尚需受文化教育，如历史、文学、美术等，以养成适当之理想与观念。

养生之具与人生之价值——吾侪于“职业”与“理想”教育，“科学”与“古文学”冲突之声，闻之耳熟矣。然吾侪当知教育者，非仅限于儿童之一部分，或仅预备某种应用生活，更在发展儿童之全体，预备一生之需要，斯则教育之本旨矣。即以智育而论，吾侪当知心之运用，其道有二，心之所注，其物亦有二，或运吾心于物质世界之物与力，或运吾心于精神世界之观念与感觉。物质世界之物与力，为吾人所借以生活者；精神世界之观念与感觉，为吾人所借以定生活之方针者。教育当兼顾二者，制物驭力，所以利养生之具也。审察人生价值，所以明人生之真义也。养生、明生两者实相成而不相背。明斯道者而后可与言教育矣。

（三）教育关于人生之全部

然则吾侪之所需者，为一广义之教育。广义之教育维何？教育者，非仅为养成良工、善贾、兵士、学者而已。其宏旨所在，为养成一完善之生活，而建具丰富活泼之精神。无论以国家或个人立论，教育最后之目的，在增进人类之各种幸福也。达到完善之生活，为社会各种组织与人生各种活动之主旨也。无论战争或商务，政府或学校，其最后之宗旨，亦不外乎此而已。组织教育系统，使人人得机会之均等，此以国家方面而言教育也。使儿童发展其固有之能力而至其极，此以个人方面而言教育也。吾辈不当以校中功课为教育之前提，而当以人生为前提。然儿童大半之时光，在家庭而不在学校，故改良家庭，为教育之一大部分。近年以来，工业日盛，社会之生计因之而变，家庭势力日形削弱。上等社会，日趋奢侈，花天酒地，寻乐于跳舞厅，驱驰于娱乐场之中，儿童之得家庭教育者实鲜。

学校之责任——夫家庭教育之势力既薄，不得不求学校教育以补足之，学校之责任，遂因之而加重。多数儿童之完全教育，不得不求之于学校，而学校遂不得不施以完全之训练。凡儿童之一切活动能力，均待学校以发展，儿童之活动能力，用之则强，不用则衰，故欲发展学生之活动能力，惟在学校善用之。何谓善用？曰：教育对于儿童必立于自动之地位，儿童之视教育为一种自动势力方可。自动云者，激刺儿童之活动力，而使运用其体心感情之能力是也。教育儿童，不当徒以将来之应用为归的。盖过重将来之应用，则现在一切之活动能力，反不能发动，幼时之发育，一受阻力，成人后必受其祸也。故儿童在学校时，当以儿童现时之生活为生活，使享受身心活动之快乐，学校造成一种环境，使学生居其中得丰满之刺激，并授以利用儿童生活之智识，亲友爱群之训练，然后以儿童实践之生活，而求身心品格之发达，教育之要点，其在斯欤？

（1）身体之康健与敏捷——一曰体力之发展也，若教育而极其所能，仅足为儿童发展其体力以求康健与夫敏捷者，则其设备虽完，组织虽美，无甚价值之足言也。保护康健，必经医生之检查，而调护其身体之缺点，然此犹未足也。建筑康健之基础，较治病为尤要也。如授课与游息时间之配置，睡眠之适度，食物与体操之合宜，好习惯之养成，均当注意者也。此犹未足也。学校当使儿童了解所以保康健之道，庶免行而不知其意之弊。他如保护发育，使勿滥肆斫伤，尤当注意。盖男女儿童正在发育之际，若一入迷途，不可救药，故当善为解释劝导，使心知其意。若秘而不宣，愈启其好奇之心，故学校中当循循善诱，使青年男女，明知男女之道，而终身对于此事，得正当之见解，康健之要道也。不然，则校中体育工夫，半将消耗于无用之地；其甚者，且终身受其祸也。

体力——欲求身体之康健与敏捷，当行一种瑞典式的体操，勿徒习一种机械的操法，绝无精神存乎其间，盖机械的训练，对于心育为不宜，对于体育亦不宜也。徒授体操，犹未足也。盖游戏运动，其益较体操为大，况英国最重视之“Sportsmanship”（译意为正义的奋勇主义）非自游戏运动而来乎？（按英美两国甚重游戏运动，如足球、网球、野外击球等，除增进体力外，甚重游戏道德。“Play square”或“Fair play”（“游戏要方正”或“公平的游戏”）等字样，成为一种处世交友之成语，有美国友人某君，尝谓译者曰“余之处世交友，好公平正义，得之于打网球者也”。）

敏捷——无论求身体之康健，或求身体之敏捷，手工一科，决不可少。室内室外，须兼备之。英国近年来谈手工之重要者虽多，而于学校中之施设犹未足也。意大利蒙台梭利女士，重官觉之训练，倡蒙氏教育术，其功甚伟；训练官觉，使心与肌肉之运用相联贯，为用甚广。无论为专门学问，为工艺，为家庭，心手之相应，实为成功之基础。世有得之于心而不能行之于手者矣，有行之于手而心不知其义者矣，皆因心手之运用不相接也。由是观之，手工训练，实有关乎体育与智育二者。

（2）心与思考及感情——今以智育言之，思考及感情，均须如体育之注重训练。科学、算学、语言、文字为训练思考之材料。历史、文学、美术为训练感情之材料也。各种训练，皆须以儿童自己之活动为基础。教授云者，非仅对儿童谈讲而已，盖将助儿童之自助也。兴趣、智能、自动三者，为自助之所必需，无论为职业上之应用，或为工艺上之知识，此三者之重要同也。苟以此为基础，则无论所习之学科为农、为工、为商将来之成效必大。学生之习专科者，非年至十六岁不可，若太早反阻其进步而已。

（3）品格与训练——除求身心之健全外，以健全之教育而论，须留意道德之发育，及其健全而训练其品格与意志，此种训练，尤当以实验为主。徒事讲解，为效甚浅。学校当局与学生以适当之机会，使得受种种道德经验，而以自制为归的，先施之以规则。规则，外也；然借此得制其有害之动作，而使有益之动作得以进步。陶冶训练，使渐臻自制。自制，内也；故规则者，末也，权也；自制者，本也，经也。其次则为学生自治，课堂工场虽为训练之地，而学校中他种动作正多，若不与学生以自治之责任，则所失多矣。

学生自治——运动场为学生练习之善地，固不待论也。其余如游艺会、文艺会、辨论会及其他种种组织，公举职员，公推干事，为各种活动之指导，均为习练自治之要道。品格之不能强造，犹天才也；吾侪但能与学生以自治自由之机会，使其品格得自然之发展耳。

服务社会——教育之最有价值者，在使善行成为习惯，故学校中当使儿童有服务社会之习惯。盖服务社会为爱国之基础，而直接教授爱国心，殊非易易，若先使具服务地方之自觉心扩充广大，庶得达于爱国。

总之个人与社会并重，庶为教育之正道。儿童之知识，往往从模仿与受共同之激刺而来，而共同解决公共问题之经验，尤为有价值之知识。然而人各具个性，不可强同，吾侪教育人，当认明个人之兴趣与能力各有差异，而施以各个的教育。若视学生如群羊，以绳执一之教规，则大谬矣。吾侪之对于教育，不当以机械的训练法而外铄之，教育之正轨在助儿童内部发长之生意，使能适应环境之势力，以利用人生之机会也。

（四）教育与寻常学校

教育之大旨，吾侪已撮其要而言之矣。然如何以此标准而施诸学校课程，此所愿与读者一商榷焉。惟今篇幅有限，亦仅能论其大概，请分两方面言之。一则为小学与补习学校，一则为中学与大学。（注：英国学制，小学与中学分两种系统，成并列制。小学与职业学校自成一系统，无力入中学者入之。中学与大学又自成一系统，养成社会之领袖人材者也，中等社会以上者入之。欧洲学制，普通如此，非若中国学制之由小学而中学而大学成一贯也。）

初级教育——初级之解释有二：凡欲入中学者，其初级教育时期，则自幼稚时代至十一或十二岁，其不入中学者至十四岁。故初级教育包含两期，设立两种学校，以应其需要，一为幼稚园，一为小学本部。

第一期幼稚园——第一期为幼稚园时期；幼儿教育之究宜强迫与否，与夫以何时为始期，此当以地方情形、家庭状况、父母志愿为断，不可以一例论也。若以城市中之贫苦区域而论，强迫幼儿教育，愈早愈妙；若以乡间而论，学校往往离家太远，往返不便，幼儿教育可不必强迫，或延迟其始期亦可。自幼稚园以入小学之期，亦当体察特殊情形而定。七岁左右，似最合宜。若幼稚园与小学同在一校，升校之期以教员之意思行之可矣，不必执定期限。幼稚园不当设通常式之课堂，如教案、坐椅；排列成序是也。亦不当教授正式之课程，如一师施教，全班共习是也。课堂中须空气流通，装饰新鲜花果草木，以悦其目。年尤幼者，给以多种简单之玩具，使从游戏而得教育。如蒙台梭利教具，甚为适用。小儿于玩耍之际，自得无意中而受官觉之训练。幼稚园之目的，不在灌输知识而在保护发育，故发展身心之能力，唤醒兴趣智慧，则幼稚园之主旨也。故儿童之康健，须特注意食物之适宜、起居之清洁，与夫眼与齿之检查，凡种种保护儿童卫生之举，切须商酌校医，共同推行。他如房间之打扫，玩物之安排，亦为训练所必需。至游戏、唱歌、跳舞等，更不可少。年稍长者，则以所授之故事演成简单之戏剧。又如用色团泥、画图、讲故事等，均为涵养想象力之善法。最后授以花木鸟兽之类，养成其爱天然之心。至七岁始可略授课程。

园中儿童，须各随其个性所欲，予以适当之游戏，不可视之如群羊，事事归一律也。

第二期——第二期为小学校时期。以七岁为始。吾侪言及“小学校”三字，心目中遂唤起一种想象，即见一班儿童终日坐于课堂之内，受规定的书本教育，教员问，学生答，此外无余事矣。若尔者，则非吾侪所欲言之小学校也。须知此时所授与之知识，较诸儿童所宜授之直观教育，为量甚微，不足供儿童将来之应用。惟此用心之习惯，实足为将来求学之基础。盖校中所受各种知识，充塞于儿童之记忆中者，离校后大半弃置于脑外。其所留存者，惟因自己兴趣所寻得之事物，或因日践而成之习惯，与夫对于知识之态度，及求知识之方法耳。

是以对于小学之教科，与其重亲某种某种课程之若干，孰若以康健智慧为前提，辅之以极普通之科学，足为思想之机械者，运之以简单之工具，足以养成用手之习惯者；心手相应，以作生产之工夫，以求有用之知识，欣然从事，乐而不倦，则庶几乎其可矣。儿童小学教育，至十四岁而止，以此短促时间，必不能施完全教育。若继续入高级学校，则现在所授者，日后收其效果。虽然吾侪不当但以将来之效果定今日之功课，在儿童视之，小学时期固为一完全无缺之时期也；故当审察儿童趋向之所在，而施以彼所欲受之教育，俾于此时期最盛之感情得发泄之愉快，且引其感情于正当之轨道中，实为真切之教育也。由斯观之，校中之功课当取自动而舍灌注，学校之设备不当徒事课堂与操场而已，校舍诸室须以最简单之装置，设各工厂、各试验室，及厨房、操场，及聚会室等，并当设一图书室，俾儿童入内观览书籍，而学校园则尤不可少。儿童须教以作校内大部分之工，如洒扫校舍、预备餐室、购买对象、登记账簿、管理校园、豢养家禽及修理破件等。女儿则须学习补衣、制衣，男儿则须制学校或家庭所应用对象。乡间学校，以校园为重；城市学校以工厂为要。他种功课，皆当以此为中心，则科学、算学自成日用之具。乡间多草木花鸟，先使学生于就近地方观察天然，继则于学校园内试验种植。即以城市而论，试验之机会亦不为少，或调查，或旅行，或考察地势，或参观工厂，均为实地试验之善策，且足为学习科学与历史之基础。

童子军为各校所当组织——或因之而施训练，或以之而应儿童之天趣，由习童子军所得之经验，较之得诸教科书者必更深，而其功效必更远也。非谓此时期所受之书本教育及文艺教育为非甚要者，不过十二岁以前所受之文艺教育，实无甚功效耳。文艺教育之位置，当在此时期后之学校也。盖对于此时期内之儿童，故事、图画、游艺诸课，实为彼等学习历史之好材料。讲演或写作，彼等所见及所想象之事物，实为学习国文国语之良法也。学校中每日须用书籍，固也；然以能应儿童所欲知者为止，不可过多。盖能使儿童得发扬一己之感情，与夫应其需要者，绘画、唱歌、舞蹈、游戏等实为最要。儿童之秉性，无论如何不同，皆得借此以发扬其意气。学校内不宜有机械的动作，须任各个人之自由发展方可。且各种作业（Oc－cupation）既多，学生之身心，两者俱得适当之愉快，则在校时间，每日虽增至八小时，亦不为多，此儿童及其家庭均受其益也。学校当为儿童生活之中心，读书、工作、游戏及种种快乐事，均当集于校中，成一小社会。若徒以乏味之功课为校中唯一之生活，则教育之义毋乃太狭乎？更进而言之：学校当为邻里之中心；利用校舍，使邻里之人得假团聚之所，于是学校不仅为儿童生活之中心，且为社会生活之中心，则其功效之大，较之向日当不可同日而语矣。

至十一岁或至迟十二岁时，凡资质较高之学生，则送入中学，使更上一层，多受知识的训练。余则留习小学，至十四岁止。而留习诸生，必为资质较低者，故当补习文字、算术及浅近科学试验，以增其智，复授手工以增其巧。

补习学校——十四岁后，小学诸生，大半以迫于生计，须操工自给，不能全日在校，故设补习学校以应其需要。每星期至少须入学十二小时，入学时间，以日间为宜；盖心身未疲，富于求学之能力也。至时间之安排，或每星期两日，或数朝晨，或数午后，或每日定某时为入学期均可。由学校与雇主随情形酌定，不必拘一也。其要点在使总计入学之时间不缺，与夫激发学生之好学心。若夫实践的训练，大都已自工厂中受之，故学校当注意关于儿童工作上知识之基础，使增其工作之智巧，此对于应用上与教育上，均具有价值者也。其次须使儿童知赚工资外尚有他种有益诸事，且使知国民之义务也。

由是言之：补习学校之时间，当分为二部。一部授以学生所择之专科（与工作有关者）；一部为普通训练。专科之中，大概为一种科学。盖现今世界无事不需科学也。或为于商业上有直接重要关系者，如速记、簿记、商业地理、近世文字或家政等。惟无论所选择者为何科目，须以在学时间之半授以文科，如读文学书，使对于文学与历史上发生一种兴味（历史科包括国民科），如作文、绘图、歌唱，使得借以发表其意思与感情。

凡学生之室内工作而少活动者，须注重体操并野外游戏。学校并当与学生设法，使于强迫功课之外，得听演讲，参与游艺会、跳舞会等，如此，可免它他种有害之游戏矣。

工艺学校——十六岁入工艺学校，前已言之矣。其目的亦有二方面，即一方面养成技巧之工人，一方面养成良善之国民资格是也。其三分之二之时间，授以工厂及试验室所需之科学，且工厂之教科，当与地方之实业相联络。若在乡间，则设农业学校，多设实践各科，以试验为重，如制牛乳、土壤学、肥料、播种、虫害诸科。无论城市与乡间，均须设家政科，备女子从家政之训练。各部以三分之一时间授文学科（包括国民科及经济学）及跳舞、唱歌等科。

（五）新教育与中等学校及大学

中等教育——寻常学校之改革，前已详言之矣，今请言中等学校及大学。寻常学校与补习学校、工艺学校，为大多数国民人之。中等学校则为欲求寻常以上之教育者而设，或为一般求专门学问者之预备。以人数而论，则中等以上之教育，其关系国民之全体，不若寻常教育之广，然以他方面观之，则其有关于国家人民之幸福甚大。盖无论其国之政治或工业系统如何，受中等教育以上之国民，必为社会之领袖，将来握政治之枢纽，操实业之重权者，实为彼等也。

中等学校，以十一岁或十二岁至十八岁之儿童入之。先此则须受寻常教育，或入预备科。中学之预备科与寻常教育同程度，其办法与前寻常教育同；因无论入中学与否，教育为发扬儿童之天性一也，如发展心力与体力、训练感觉、教授普通学科，足为思想之工具与夫引其感情于正当之轨道中，皆为儿童生活所需要者。

儿童之当入中学与否，以十一二岁时为定，盖此时儿童之能力，已约略可知。其能力足以受中等教育，而于个人与国家，兼得其益者则入中学。

中学之两时期——中学学生为十二岁至十八岁者，故校中功课当分两期。十二岁至十六岁为第一期，十七、十八岁两年为第二期。第一期为普通时期，盖十六岁以前所受之专科教育，为益甚鲜，已为一般教育家所公认，故必待十六岁以后方可授以专科。第一期功课须极普通，无论将来预备入何科，必须受同一之训练。根基既固，则将来入专科时，方无扞格之患。第二期则以专科为重，俾学生之时光与能力，大半用于一种或一类之功课，以为将来入高等专门之预备。

第一期既以普通教育为目的，则不得不定一界限。故其问题如何，即以此为普通教育之界限乎？究受若干科之训练而后得称为普通教育乎？

第一期普通科——学校中各科竞争，咸以本科为诸科之最要者，故以表面视之，似无甚标准之可言，然吾侪若不忘下列两端，则易于就绪。一曰使学者之心与事务交接，或与他人之思想交接，俾唤醒儿童之兴味，并发展其能力。二曰使学者之心与天然物及天然律交接，借以明物理之效用。

科学之需要——欲明天然律，非科学不为功，欲与天然物交接，亦非科学不为功。故学校中科学一门，不可不极为注重。科学之大概，可先以地理科中教授之。如地球之形状，山川之形势，草木之生长，与夫鸟兽虫类等之生活是也。待略具普通科学思想后，则授以科学之专门者，如化学、物理、生物学是也。如此三科，于数年之中依次连接教授，则可互相参考。将来如欲专习其一，则今日已为具良好之基础矣。

算学——算学当与科学并重，惟教授法须大加改良。英国度量权衡，不以十进，甚为不便。故当采用密哒制与十进制。教授材料，以学生所习见之具体问题为主，量度推算必须实地试验，由具体实验而进为抽象演习，则其价值始见。

手工——各种手工为实地试验之所必需，学校园中（习生物学之试验场）手工之需要更多，他若木工则足为将来治工艺之基础，烹饪则为女子所不可缺之事也。

语言文字——欲使学者之心与他人之思想交接，则语言文字其媒介也。以本国语言文字为先，略事文法，多作论文，继之以一种或数种外国语言文字。法文则定为必修科，人人须习之，拉丁文则为选科，欲习之者至少须能连习四年，方许选习。

文学与历史——语言文字以外，须习本国文学及历史，今文及古文，须兼授之。凡授文学与历史，不当以训练记忆力或考试时背诵默写为的，而当以识往古知今日为宗旨。

个性之差异——上所述者，以全体学生共同而言，校中诸生，无论何人，均须受上述至少量之教育。若以个人言之，其能力兴趣进步之速率，各有不同，不可一概论之，是为个性之差异；吾人所极当注意者也。同一功课也，其进步之率，有甲迟而乙速；同一科目也，完毕后，甲欲习其较高深者，而乙则以此为已足。又如甲欲选习希腊文字，而乙则欲加习一外国文字；甲习代数为已足，乙则欲续习高等代数、几何、三角等。各人之兴趣既不同，学校当设选科以应之。惟不得过于专攻某门，而以其他各科为牺牲也。校中除正课外，当有自由选择种种之作业，手工的，或智育的、科学的，或文艺的，任学生自择。且设法以鼓励之。若然，个人之兴趣既得充分之发展，公共之智识与经验，亦得借之而增进矣。

第二期分科——若将上述办法，推行于此期之中等教育，至十六岁止，则普通之基础已定。此后得以趋向，能力，境况三者为准，而定各人所愿习之分科。先奠广阔之基础，而后择习分科，方有益也。若十六岁以前，所受之教育，不及如上述之广阔，个人之能力，必受其限制。而所择习之分科，未必适合其性质，将来恐难享最优之效果也。然此非谓校中各生，于各门功课，均将有优美之成绩。多数之学生，于各门功课中有好恶，有优劣。即有于各科均优者，亦不能尽习各科之高级，盖时间有限，不得不择其所尤好者数种而求深造。故于中等学校之第二期，必设分科数种，以备学生之选择；但设古文与近世文两科，实不足以尽之。若以近世文科为不及格，于古文科为学生退避之地，则尤为不可。

至少须设古文、近世文、科学、工艺四科——除古文科（即文科）为少数之求文学训练而设者外，中等学校之第二期，至少当设三科，以便多数人入之。近世文字与商业为一科（即商科），纯粹科学与算学为一科（即理科），应用科学与工艺又为一科（即工科）。至各科共设于一校，或文商理工诸科各设分校，以何为佳，一时不能臆断，须先经试验而后能有把握。

近世文字、历史两门当共习之——若一校备设四科，则恐起种种困难，然如分设各种专校，则于学生亦甚不利。盖此时期所授各科，尚不宜分之太专也。且以所有时间，尽习专攻之科，尤为不宜。无论所择为何科，而历史、文学及一种之近世文字，均不可少，各科学生须共习之。

教法与宗旨——此种办法，应用与理想两者兼而有之。盖两者实相辅而不相背，彼此不能相离而自成也。或工或商，得理想之教，而其艺愈精。文人学士，得应用之经验，而得免于迂阔。虽然视线之远近，不仅以课程之文实为定点，而教授法之优劣，更有关系。若其宗旨在考试之分数，或其视线在将来赚钱之多寡，则无论何科，均能使视线近而狭。若然，虽欲应用，而将不能应用也。夫将欲有所大造也，必须发展其智力，无论授以何科，其最要之目的，在使于物质界，具呈无限之兴趣。尊重智识之价值，思想之能力，且对于探险与发明诸端，其智力上莫大之愉快，则庶近教育之正道矣。

第二期分科之意义——中学第二期内分科之议出，难者曰，第二期分科之意何居乎？既属分科，何以不即送入大学而免中学之困难问题乎？中学限于普通至十六岁为止，十六岁以上送入大学，再习分科可也。应之曰，以十六岁之青年而入大学，其与大学有益与否，则吾人不敢预言，而于个人之受害则显而易见。盖此时代之儿童，正宜受中学之管理训练，而养成正当之习惯。若一旦送入大学，负知识之重任，而乏相当之扶助，不其危乎！若将大学改组，以适此等学生之需要，则亦非大学所宜出之政策也。吾侪之计，使十六岁之儿童在中学学习分科，至十八岁然后入大学。既有分科两年之经验，而于大学第一年即可受正当之大学功课，不必从事预备。三年即可毕业，若是大学学年，可改四年为三年矣。

大学之详细组织，非著者经验所及，盖著者平时之所接触者，为中学以下之学校。读者若以上述者为不谬，则大学之功课不当限于讲演、考试两者，而艺术与理想各种之研究，专科以外之活动，学校生活之自由，凡此数者，皆为最有价值之教育，尤当三致意焉。

第三章　个人教育

（一）教育之真义

发展个性之人格当与服务国家并重。国家教育有两方面：一曰略受初级教育以成有用之国民。二曰其能力较大者，授以程度较高的教育而养成社会之领袖。此两端已于前详言之矣。

虽然，此犹未足也。教育云者，不仅限于服务国家而已，尚有个人之幸福为教育所当注意者。个人对于社会，须尽其应尽之责固也；而其对于所行之职务有趣味与否，与夫于一生得相当之愉快与否，皆为教育所不可忽。吾侪须知教育者为发展个人之全部，凡人生各方面，均须顾及，或个人，或社会方面，或精神，或物质方面，皆不可缺；此即所谓现世时代之精神。或称之曰民权；或曰人道；或曰耶稣之道；任称何名，此时代之精神唯一而已。以政治而论，则民权。以社会而论，则人道。以宗教而论，则曰耶稣之道。其要点在以人为本位，而发展其个性人格且至于极。若群羊之一而视个人，或以工业之机械而视个人，则离教育之正道远矣。即进而言之，以人为发明或制造之利器，亦不足为教育之目的也。然发展个性，将用何术乎？将何以利用各种机会，使个人之良能得受刺激而发育乎？将何以养成习惯，启发兴味，唤醒欲望，鼓励高尚之思想乎？此皆为个人教育之问题也。

两者不相背而相成——国家与个人两方面之教育，实相成而不相背也。发展个人，至其极而使成一忠恕友爱多才多艺之人格，实为国家之宝。盖个人之生活丰富，全国之生活因之而丰富矣。莎士比亚，个人也，然国家民族之得一莎士比亚者，其所得正多也。莎氏固成于天才，非学校所能养成之，无论如何完备之学校，不能造一莎士比亚，然欲养成英国之国民资格，使出迷朦而入光明之世界，非教育不为功也。儿童之生长如一粒种子，雨露之所润，日光之所射，土料之所养，皆得天力而自然生长，其生芽，其开花，其结果，皆循自然之天律。教育儿童之方法，亦当顺其自然发长之能力而培养之，揠苗助长，非徒无益，抑又害之，若以正当之教育，发展儿童固有之个性，使之滋生、滋养，自芽而华，华而实；苟一国之中，个个儿童能如是，则其国有不富而且强乎？

运用之妙在乎人——夫系统一机械而已，其运用之妙，犹在乎人。以教师之精神，运用于课堂、工厂之内，较之教育之规画与系统为要。无论系统若何完全，规画若何周到，苟无运用之妙，其结果必为机械的动作，不足为近世法。欲救厥弊，其惟以活泼之人，行活泼之教育乎？言其方法，厥有二端：一，使教育成一种高等职业，俾吸引生气勃勃之人，以从事教育者弗受种种苦痛；薪俸一节，亦须加厚，虽从事教育者，不专以俸给为事，而教员生活之相当程度，要不可不维持也。

学校之设备，不可不求完善；教员之待遇，不可不求丰厚；使教员不为种种缺点之限制，且使享各种试验之自由，以个人之思想行种种教授方法，此其二也。

其最者为教员之精神，具一定之目的，高尚之观念，以之而教儿童，使儿童奋发而有为。吾人从事教育，首当知教育之真义，次察施行此真义之方法，然后对于教育、对于个人或国家之观念，得其正确之意义。此其三也。

教育之真义——教员所首宜注意者，为学生自然之生长。教人如栽种子，一粒种子下沃土，而芽，而枝叶，而华，而实，皆自然之生长。为园丁者不能助其长也。旧时之臆说，谓授儿童以知识，犹书黑字于白纸之上，此谬说也。儿童之生长，乃由种种经验，种种活动刺激而来，由内而生，非外铄也。此已一再言之于上篇矣，愿为教员者其勿忘也。吾人之教儿童，当以儿童种种之兴趣，种种能力、感情、意思为前提，而发展其全体。但事正式之授课，不足以言完全之教育也。故以此而论教授之方法，不仅限于记诵机械之学，而当以唤醒儿童之兴趣情意为目的，使之启求知识之欲望，能力之自觉，与夫用其知力，行其所能，成一活泼底自动自助之儿童，且为一无私多助之良友。若尔，则儿童在校为好学生，出校为好国民矣。

其次教员自身之观念——教员当具知识上的忠实，道德上的忠厚，此种观念，必不可少。凡所希望于儿童，如精确、忠实等美德者，必先以身作则。以无上的忠信，开诚布公，知之为知之，不知为不知，勿敷衍苟且，责人严而待己宽。各门功课，如善授之，皆足以发明真理，引起美感，培养个性，发扬正义也。

利用一国之习惯，民族之观念，三也。发其长点，扶其弱点，使习惯观念之美者更美，其有所不足者得以补缺也。今请举其例，体育之标准，各国有不同之点，然无甚大差异也。智育之程度，以社会要求之不同，各有所差异，然亦无甚基本上之不同也。训练国民性一道，各国之不同殊甚，故欲使教育方法与国民性相和合，吾人当注意国家民族之性质，使补其缺而增其美。此次战争之经验，足使吾人灼见国民性之训练，不可一日缓也。

（二）英德教育宗旨之不同

两大国家观念相冲突——此次战争，除国际嫉妒、国际竞争相冲突外，尚有基本之原因存焉。此即两大国家观念相冲突是也。其一为德国之文化主义（Kultur），德人自视其文化为世界之最高者，无论何国之文化，德人视之以为皆在己下。德国抱此文化主义，其人生观，其幸福之意义，其求幸福之方法，均与他国不同，故其教育之宗旨与方法亦因之而异。学者著书立说，对此问题之研究者不知凡几，兹撮其荦荦大者为读者言之。

武装主义——武装主义，普鲁士之精神也。此不专指军备而言，英国之海军未始非武装也，故吾人之言武装主义，指其精神及宗旨也。此精神，此宗旨维何？曰：个人完全受制于国家，一也；文人受治于武人，二也。个人受制于国家使尽其忠爱之心，未始非美意也；然文人受治于武人，则国中一切之文明，但为黩武之利器矣。以德人之眼光视之，人民皆兵也，当受丰富之训练为国家效力。国家之第一责任为备战，第一之宗旨为并吞弱国，国家为最高无上之权力；实则操此权力者唯军阀而已。以强权之政治，压制寡弱之民众，施以军国教育，俾为国家谋虚荣之机械。

德国教育之结果——此种国家观念，自斯巴达以来，时或见之。惟文明之国，未有敢如此明目张胆，公然主张军阀政治若德国者也。吾人非谓德国全国人民，皆一致主张此种政治，然以其军人、学者、政治家之言论观之，大多数之国民固已默认此宗旨矣。其教育之目的有二：以物质的效能为前提，精确细密，洞澈精微，利用科学之成绩，至于其极；此其一也。压迫个人，为国服务，政府出令，国民从之，凡国民种种活动，均以军备为范围，以完全之组织，达无上之效能；此其二也。此种目的之结果，造成一种人类的机械，政府主其政；人民惟献其一艺之专长为政府效其劳。故一国之效能甚高，工业、战备，均超过他国，世界畏之。

凡受上述之教育者，其得知识与夫应用之能率必甚高，服从命令，细心工作，敏捷精确，故其成绩甚优。然德人以为其民族自然之能力，较他民族为高，则误矣。

牺牲个人之自动力——吾人对于德国教育之成绩虽甚钦

佩，然其缺点亦甚大。偏重知识，则个人之发展力弱；偏重服从，则个人之自动力弱，机器与科学之效用虽大，而究以养成活泼之人格为最要。最后之成功，终在乎人。

英国之乏系统——若以英国而论，吾人自知，凡事一无系统，与德国之事事皆有一定规划、一定宗旨相比较，似觉不如。英国之国家一不相统属，包含许多独立分子而成之帝国也。英国之政府，因时制宜，以行政无统一之宪法者也。然而文明日进，为世界所钦仰，不在德国下。盖吾人虽无统一之机械，而国运之进步，犹生物之生长，藉适应力而发展者也。

英国之个性主义——英国人尊重个性主义，故不喜国家干涉其个人意志。政府之权力，恒缩至最小度，而国中大多数之事业，实借个人之自动力与成功心以成之。吾人爱自由竞争，而不喜牧民政治，个人之自由不愿稍加抑制，然为社会服务之志愿已成一种习惯。故英国之制度，重会议而轻专政，政见有参差时，则以调和而出之。

以此为习惯，故英人对于思想之不同，方法之参差，均能包容一切。他人之意见，虽与我不同，吾亦尊重之。凡事一以公道为断。英国殖民政策之成功，地方自治之发达，此其秘诀也。吾人自足之心，受此次战争之动摇，种种缺点，已显明实现。吾人作事迟钝，思想太近实际而乏想象力，不喜受人指导，凡事不肯先事策划，而临事始筹应付之方。凡此种种，虽属缺点，亦足以为吾人爱个性发展意志自由之明征。与此相反者为武装主义。吾人虽属好战之种族，而对于德国此种主义，实绝对不能容也。

国俗与教育——英国之国俗既若是，故于教育亦然。英国教育无完善之系统，无一定之目的，纷乱错杂，消耗时间，而重大事业，应举而不举者，在在皆是。其所持以为教育之基础者，曰运动：如击球、赛跑、竞舟等是也。曰社交：如和气、互助、友爱等是也。曰自立：如不存依赖心，不因人以成事是也。盖吾英之教育，以品行为上，知识次之。

公家学校——英国公家学校（Public School）之教育，即本上述之宗旨。故其训练，以实践之能力及自信力为主，知识其次也。盖不在养成学者，而在养成健全之人格。如所谓“好勇者”（Sportsman）、“君子人”（Gentleman）是。好勇者即好正当之运动者，如游猎、击球、打弹等是。英国对于运动甚为重视，盖运动时之互助、互敬，遵守规律，正当竞争等，均足以陶冶正直不苟之品性。君子人，即有高尚人格之谓，与中国所谓君子者略似。

公家学校之优点——此种教育，无论其有何缺点，而足为训练品性之基础，其成绩已为世界所称许。英人个性之发达，领袖人才之济济，自治能力之开展，均以是为基。昔者，哥德（Goethe，世界著名之德国大诗家）语亚克曼（Eckermann，哥德之友，德国文学家）曰：“无论其原因为种族，为土地，为政治自由，为教育，英国人优于他国之点甚多。”亚克曼答谓其所见之英人，并不较他国人为聪明。哥德复曰：“人之成功，不在出身与资财，而在有胆量任天性而成完人（Complete Men）。”既而又曰：“英人有时亦成完全的呆人。”

公家学校之缺点——英国公家学校优点虽多，而亦有大缺点存乎其间，吾人不得不一研究之。其缺点为何？曰：知识不足，不以为意，而以运动加于知识与效能之上，此其一也。缺乏想象力，故不易领会他人之意见，而养成自傲之心，此其二也。不重事前理想的规划，而重应时制宜，临事始求对付之方，致人恒以伪君子目我，此其三也。眼界不广，局促于一隅以自安，故个人或阶级之利益，常先于国家之利益，此其四也。

公家学校之优点与缺点，虽不能为英国教育全体之代表，而英国之教育，实以此闻于世界。公家学校实为代表英国教育之精神而过甚者也。

取己与人两者之长——然则英国教育之基础将若何乎？曰：保存己之长点，而兼收他人之长点；己之所长者，发展个性，奖励自动是也。儿童自然活动力之发达，与夫自制、自信、自治种种训练，须三致意焉。人之所长者，知识之训练，想象力之丰富，组织之完善，科学之注重是也。增长儿童之知识，发展其思想，养成其科学习惯，组织其有效能之机关，亦须三致意焉。

吾人当于此两方面之需要，调和贯通，使英国之教育，日臻美备，此则作者之所希望也。其方法将若何乎？请为读者言之如下。

（三）英国教育基本问题之研究及实施法

自动力之养成——教育其足以养成所需要之能力乎？抑英国人之特长为遗传性之结果非教育之所能为力者乎？由彼之说，吾人固可听其自然，何必用心致力于教育之改革者！吾人若承认后说，则未免自夸其遗传之美！然究其极，即使秉性果美，亦需有适当之环境，以予其发展之机会。不然，虽有美质，亦将因无发泄之机会而萎缩。抑更有甚者，天生美质，有因被压制而往往殭死矣。夫植物之发育也，雨露之所润，土质之所养，人功之所施，一任其自然之生意，蓬蓬勃勃而滋长也；虽有良种，无此不茂，然揠苗助长，亦足以伤其天性。故教育之道，不在直接以助，而在间接以化。化之道何在？采取广义之课程，使学校之生活丰富，一也。在教员之人格与方法，二也。学校之生活与功课，学生之环境也，皆与学生以发展自治、自动种种美质之机会者也。环境最要之一部份❶为教员与同学之感化力，或激动学生之意志，而使之向善；或以良好之榜样，而使之受感化于不知不觉之间，皆于学生品性之发展，有莫大之影响也。徒恃学校组织完美，虽不能养成教育之优美人格，然足以减轻其无为之担负，而使之不为日常琐事所沉溺也。天生之师资，世常有之，而多数之教员，苟得正当之待遇，亦足为良师，是在主持校政者之善为策划耳。

发展个性与自动之方法——然则课堂内之功课，课堂外之活动，与夫一般之学校生活及行政，将到何种地步，而后学生之个性与自动得发达之机会乎？

（1）设多种之功课及作业——俾初级学生得多种之经验，以发见其特具之能力，厥后准天然之趋向，择所欲习之功课与作业，以定将来之职业。以此为目的，则校中种种设施，必大行推广，使知识技能，各得发展之机会，勿窒于一隅，勿专于一门，校中各课，须联络贯通；例如科学教授，于初期时不宜分植物、化学、热学、机械等界限，但授以儿童经验所及之日常事物可矣。由是以往，以儿童兴趣之所向，生活之所需，逐渐授以一二种浅近科学。校中授课，于初期时不宜分之太细，亦不宜择之太窄。文字、历史、地理，初无不可移易之界限存乎其间，他若地理与科学，亦无鸿沟之分。又如绘画与作文，可与他课联络并授。算术一课，足以扶助各科教授之进行，要之，吾人当以学生之需要为教课之方针也。

❶ “部份”，当为“部分”。后同——编者注

以上各种功课为儿童经历环境中各种动作之资料，其次期为设立功课之门类（Subjects），俾儿童择其所欲之某门，或与此有联带关系者而习之。盖各个儿童，具有特殊之兴趣，利用此兴趣之方法，在自由选择。其选择门类之多寡，以学校之能力所及者为范围。

无论其为职业起见，或预备入专科起见，功课之专习不宜太早。盖两者均以广阔之知识基础为优，习艺术与高等职业者亦然。年在十六岁以上者，太专则不能有甚成效，狭窄之应用主义，非惟于儿童他项之发展有碍，且其所谓应用者，恐反成不应用耳。盖无广阔之宗旨，其进境必不能远也。

（2）养成研究心——个性之发展，大半赖夫选择自由。盖选择自由，则儿童兴趣之趋向，始得借以发现。然徒事发现兴趣，犹未足也。必有所以发展之之方，其方惟何？曰教授法中当奖励自动之研究心是也。各课之首要，不仅在悟解，而在有开辟新理之精神。教育之功用在此，为吾人所不当忽。总之教授科学之效用，全在养成有开辟新理之习惯。使儿童得良师之指导，以自己之能力用开辟新理之方法而自得之，故不问教授何课，皆当如是。如以此法而教算术，则能养成审问之习惯以寻获新理为乐。读书亦当注意于此。凡读一书，不可以著作者之言为金科玉律，而减杀读者之判断力，而当以已得之经验，固有之兴趣，自立问题求答于书中，使之知草率武断之不足恃。以此为方法，则各种功课，皆足以养成自动之研究心，与夫发展其判断力，不仅限于得某课某课之知识已也。

（3）手工——缘上述之理由，则知手工为各期教育之要课。欲大多数之儿童，得养成创作及建设力之机会，手工之效用实大。盖个人各得独出心裁，以各人之兴趣自由倡作，且自己之差误，亦易于察觉；若一不经心，则物件存于目前，其成绩固显而易见也。

（4）游戏——训练自动个性之方法，不独限于课程一方面，而各种运动（Games）之能启发自动、自信、自治等美德，亦固人之所知也。岂仅于强健体力而已哉。他若种种野外游戏，和采取植物、矿物标本等，既于体育有益，且能藉以发展儿童之个性也。

（5）童子军——以此而论，童子军之功效，亦甚大也。体力健全之男女儿童，未有不喜此种举动者，训练身心品行，此实为一要道也。

（6）各种自愿之活动——校内各种出于儿童自愿之活动，亦须奖励之。如音乐俱乐部、文艺俱乐部，或演说会、戏曲等，均于学生生活之活泼，有莫大之关系。

（7）学校生活之丰富——吾人须知教育者，非仅限于课堂内之训练而已。凡校内种种生活，皆教育也。若吾人以发展个性主义为教育之目的，除维持学校行政必不得已者外，万勿以表面之划一为学校之训育。无论为学，或游戏，或衣着，吾人当任学生之自择，惟略须划定范围而已。在此范围之内，学生当享自由选择之权利。吾人之用意，当在不同之同，不一之一，而万勿视无为之统一为统一，以杀学生之个性也。他若包容他人与我不同之意见（无论为小事，为国政，或为宗教），重人格之发自内者，而轻言论之表于外者，皆训育之要道也。校中规律固不可少，凡破坏规律者，亦不得不加以责罚；然此犹未足也。吾人当激动其忠实自重之心，而使乐于勤勉，生友爱助人之念，而不必令之以威。

（8）自治——吾人当竭其所能，使学生自治，以学生程度之高下，定自治范围之大小。程度日进，则自治之范围亦须由之加广。英国公家学校之自治，已足为吾国荣，然吾人尚得而推广之。英国政治制度，以自治著，故学校中亦必重自治以应政治之需要。校中种种组织，当以养成自治为归，故校中须设一学校国会（School Parliament），凡关于校中共同生活之规律，可交国会参与，此为启启发平民主义之良法也。

（四）学校之训练

各种训练之不同——以自动为目的，以自由自治为达此目的之方法，吾人已详言之矣。与此问题有密切之关系者，即训育是也。训育者，教育之基本部份也。无此，则学校共同之生活，将为不可能之事，而个人人格之养成，亦非此不为功。然训育之目的有不同，其方法亦有不同，故吾人当先定训育之目的，而采取适当之方怯，使与吾人之教育宗旨相符合。

尊重命令，唯诺维谨，使个人屈于全体之下，固为可贵之事，然行之过度，则恶果随之。故无论在一国之中，或在课堂之内，命令主义不宜行之太过也。吾人对于古代斯巴达与近世之日耳曼，莫不钦佩其命令主义之成绩，然吾人细心思之，知其目的，但在机械的训练，而于养成个人之人格，大有亏缺。其所谓完全之训练，惟在压迫个人之意志，而使服从国家之意志，此不独于军事教育为然，即以公民而论，亦罕有能自行其意志者。以国家为无上权力，规定人民之思想与意志，此所谓武装主义之训育是也（即极端之军国民教育，德国与日本行之）。

此种武装主义之训育，实起于国家处极危险地位之际，盖其为国防之效能甚大，而施行之方法极为简单，故为一时权宜之计，固甚适当。然时迁世易，而犹以此为国民教育之方针，则其贻祸甚大也。

与武装主义相反者，即平民主义是也。平民政治为人民公共之意思所组织，其人民之所服从者，非他人之命令，亦非外来的强有力之命令，不过为行政上图便利起见，人民自愿服从公共之意思，即代表大多数人民之意思也。故顺从命令为出于自愿，而非出强迫。以外而言，平民政府之命令与武装政府之命令，无甚差异。然以内而言，则自愿之服从与威迫之服从相较，其价值之不同，不啻天渊。盖一则出于自然，一则出于机械，一则出于共同意思之代表，一则出于少数之意志，且训练出于自愿之服从，较强迫之服从更难。盖须有知识程度之国民，而后始能见其成效也。

强制训练之害——通常训练法，往往出于强制，因儿童之天性，最喜种种活动，苟不制其身体之活动，则将手舞足蹈，高声呼闹，不能专心于一事，使教员无所施其教。故以教育而论，不得不设种种方法，以抑制其活动；以教员之便利而论，更不得不抑制其活动。儿童之心力活动亦然。若不能制治，则种种问题，发问不休，甚或以好奇之心理，出危险之举动，故吾人亦必设法抑制者，反对儿童意志之谓也。吾人抑制儿童之事愈多，则久而久之，儿童之意志愈弱，其害有不可胜道者。故训育之目的，在抑制儿童之意志者，其成功愈多，则其后患亦愈大。盖此种训育，消磨儿童为善之能力，实较其遏阻为恶之行动为多也。若夫以慈惠之心，设种种方法以抑制其活动，则其祸亦不能稍减，盖于不知不觉之间，使儿童消磨其自立之能力，而养成事事依赖他人之习惯。

在适当范围中奖励种种活动——吾人之训育，当奖励其种种活动，但使不逾越适当之范围足矣。吾人不当削弱儿童之意志，而当利用之以为有范围之活动服务；此乃蒙台梭利教育法之秘诀，其成效已卓著者也。以儿童身心之活动，专心致志于所为之事，以互助友爱为范围，乃蒙氏教育之特色也。以此为法，则无所容其抑制矣。总之训育之道，在利用儿童种种之活动，使其意志与公共之意思相侔合，以达意志自由与夫自治之训练。凡不足达此目的者，如种种外面之规则，鞭策之训练，悉当捐弃。盖此种训育，非养成外似真而内实假之人，则必成一种机械而已。

服务与友谊——吾人当养成儿童为学校、社会服务之习惯，使爱其所共处之同伴，所交接之团体。盖良善之公民资格，与诚挚之爱国心，皆以此为基础者也。

规则亦不可偏废——吾人非谓施行上述之训育，可将一切规律责罚废止而不用也。无论在何种社会规律，必不能少端正辞让之美俗，必须设规律而公守之。然吾人当以公众意思为前提，凡立一规则，须使守规则之人明白晓谕其理由；凡有更改，亦须与有关系之人共商之，必使人人共知其意思方可。

自治之训练——凡规律之理由显明者，则人自愿守之。训练地方自治之方法，莫善于此，学校中所不可不注意者也。若欲人共守规律，则必使共立之。吾人非谓规律当从宽，而使易于从事。训练云者，非谓避难而就易也。凡欲受一种训练，必经过种种困难与苦恼。斯巴达自治之精神，吾人谁不钦佩之？赴难就困，乐而为之，成功之母也。吾人之所反对者，为机械的规律出于权力，而非出于公共之意思也。哥德（Goethe）有曰：“机械之中，有鬼坐焉，外力一去，鬼跃而出。”此之谓也。故吾人当以有明白意思的自动、自制为训育之方针，其设施虽较难，其成功虽较缓，而其后效必甚大焉。学校之规则匪尚，教育之精神惟钦。将来之世界，惟今日教育之精神造成之。

（七年七月至十二月，《教育难志》）

英国教育之大宪章

完全义务教育自五岁至十五岁。补习义务教育自十六岁至十八岁。英国教育素重保守，不肯轻易改革。此次大战，大受痛苦，始觉悟向日守旧之非策，故全国上下力图教育之革新，遂有此法律之规定焉。

教育局长非休（Fisher）所提出之教育议案，一九一八年八月八日，已由议院通过，定为律令。全案长万余言，分七章。（1）全国教育系统。（2）入学年限及儿童工作之规定。（3）推行教育方法。（4）办理教育人员之权限及责任。（5）教育行政条例。（6）教育补助金。（7）教育财产管理法。共四十六节，计二百余条。自英国有历史以来，最重要之教育律令也。故时人称之曰："儿童大宪章"。兹将其每条大旨述如下。

（1）全国教育系统——本章述中央教育局与地方教育机关联络进行办法，地方教育机关得中央之同意，得推行各种教育计划。中央教育局如得财政部之同意，得拨费补助地方教育机关，以利进行。

（2）入学年限及儿童工作之规定——本章规定入学时期，

凡年五岁以上十四岁以下者，不得免学。凡年在十四岁与十五岁之间之儿童，如不佣工，亦须入学。然有充足之理由，得免学。

（3）推行教育方法——地方教育机关，得中央教育局之同意，得规定学期之时间。又凡年十八岁以下，十五岁以上之青年，须入强迫补习学校，每年须入学三百二十小时。除疾病及其他无可免之事外，如无故缺学，科学生以罚金，数不得过五先令。父母罚金不过一镑。再犯罚金不得过五镑。如佣主阻碍佣工入学，亦须受罚。

（4）办理教育人员之权限及责任——办理教育人员，得设学校洗身房，星期野外设幕，体育室，请医检验体格及治疗疾病，整理幼稚园学生卫生及奖进体育等。又小学不得收费。

（5）教育行政条例——负管理学校之责任者，当中央教育局向之索取报告时，须按条答复，违者科以罚金，数不得过十镑。本章述行政管理细则甚详，如学舍、校具、校产之保护及管理，均为规定。凡有虐待儿童者，得由地方教育机关起诉，由中央教育局派人审判。

（6）教育补助金——地方学校，得受中央教育局由国库拨给补助金。

（7）教育财产管理法——本章述校产在法律上之位置及性质。

以上诸条之计划，从英国教育全部打算，图全国教育之基本改革者也。其中诸条，关于行政管理一方者，在议院中多所争执。盖英国习惯，素重地方自治，而不愿政府干涉地方教育也。去岁正月十四日，非休氏将关于行政诸条，略事修改，以平群议。至关于教育诸条，全国议论一致，无不表同情者。

伦敦《泰晤士报》评论曰："吾人谨贺非休先生，成此伟大之计划。二年以来，本报竭力鼓吹教育之革新。凡本报所主张者，尽容纳于此计划之中。此不但为英国教育开一新纪元，实为英国历史上辟一新时代也。"

（八年三月，《新教育》）

美国国币补助职业教育之历史

美国天产富饶，如得人力开辟之，则富冠世界；中国亦然。然美国有天产而能开辟，故今日其富果冠世界。中国有天产而不知开辟，故虽有不尽之宝藏，而贫乏如故。

以国家之力，补助地方实业教育者，美国也。以地方小民汗血之力，供国家之政客武人挥霍者，中国也。查美国国家补助地方实业教育，始于 1862 年，是年国会通过《麻立尔给地法》，规定政府拨给公地，兴办农学。其给地之分配法，以各省在国会上下两院之议员人数为率。每议员一人，得地三万亩，以该地之出产，或售去之代价，设立学校，教授农业及工艺。1890 年第二次之《麻立尔给地法》成立，规定直接补助各省农业学校之方法。1907 年农部计划案中，规定经费若干，补助各省农业学校。至 1911 年，国家补助各省农业学校之款，岁达美金二百四十万元之巨。

1914 年《斯密李阜律》，又名《扩张农业律》成立。此律专为校外农业教育着想。故此律成后，有一班特殊学生出现，即以在农场作工之男女成人及儿童，充此新教育之学生是。中央与各省联合推广此种教育，第一次每省得中央款项一万元，为创始金，由各省农校与中央农部联合进行。此律规定由国库拨款，每年递增五十万元，至 1922 年为止。凡各省之受国款者，须另筹省款若干，其数与每年所摊派之国款等（惟创始金不在此列）。是则省受国款一元，另须自筹一元，是中央拨一元之费，而有两元之功用。照此办法，1922、1923 年以后，每年由国库拨四百五十八万元，各省库合拨四百一十万元，共计全国每年出款八百六十八万元，推行校外农业教育。《麻立尔律》与《斯密李阜律》不同之要点：在一则为推广农业学校，一则为推广校外农业教育；一则为求学者而设，一则为失学者补习而设也。

1917 年《斯密许士律》成立，规定中央设立一推广职业教育之机关，曰中央职业教育部。其部员为农部、商部、工部三总长，美国教育局长，及由总统选派之公民三人，代表制造商业、农业、工业各界。推广职业教育之款项，以 1918 年（即民国七年）为起始期，计十五万元，以后每年加增，数年之后，可达四百万元。美国职业教育，得此补助，必蒸蒸日上。将来工商业更形发达，执世界经济界之牛耳者，其美国乎？可无疑也。

统计历年来中央补助各省职业教育之款项，为数之巨，令人惊愕。兹列表如下：

	中央每年补助农业学校费	1911 年	二百四十万金
	中央每年补助校外农业教育费	1923 年起算	四百五十八万金
	中央每年补助职业教育费	1925 年起算	四百万金
共计	中央每年补助职业教育费	1925 年起算	十兆九十八万金

如加入省库拨助校外农业教育年费四百十万元，则其数超十五兆元以上。其余与中央无关系之款项，与夫私立、公立职业学校之款，尚不止此数。

（七年十二月，《东方杂志》）

第七编

对北大学生说的几句话

初到北京大学时在学生欢迎会中之演说

蒋先生代表蔡校长，赴京执行北京大学校务。大学全体学生，特于七月二十三日上午十时，在大学理科开会欢迎。当由蒋先生略迷蔡校长之近况，与其振兴教育之大计。兹迷先生个人对于大学生之希望，与大学生应负之责任，名言精论，听者莫不感动，特录如下。

诸君因爱蔡先生而爱梦麟，梦麟诚不胜其感激。此次诸君领袖全国，为爱国之运动，不但国人受诸君之感动，而敬崇诸君；即世界各国，亦莫不对诸君而起敬意。然则诸君此次之表示，为有价值的，已不待言。诸君对于蔡先生望其即日回校，蔡先生为最肯负责任者，岂有不允回校之理？惟今日病犹未愈，若因回校而病转剧，岂非为欲负责反不克负责乎？此蔡先生之所以不即来也。诸君须知蔡先生为平民化的，无论何人，皆平等视之。南方有谓蔡先生之离大学，大学生对之有如子女之失父母者。蔡先生即答云："大学生皆能自治者，固不同子女之于父母，必待督率而后无失；故予于大学生非父母可比，不过为大学生之兄弟耳。"此次梦麟到杭，蔡先生即约予往谈，云有事托我，至则语我云：“大学生皆有自治能力者，君可为我代表到校，执行校务，一切印信，皆交由君带去，责任仍由我负之。”蔡先生既以代任校务委我，我即以二事求其承认：(1) 代表蔡先生个人，非代表北京大学校长。(2) 予仅为蔡先生之监印者。蔡先生一一承认，且以三事语我：(1) 各界代表之至杭者日必数起，迄未答谢，请君代表我为我致谢各界。(2) 代表我有回校之决心。(3) 大学责任我愿继续完全担负。又云：“自今以后，须负极重大之责任，使大学为全国文化之中心，立千百年之大计。”予因受蔡先生之委托，遂即日离杭来京。余尝论蔡先生之为人，具中国固有文化之优点，而同时受西洋文化之陶镕。昔孔子以有温良恭俭让五种美德，因以洞悉各国政治。蔡先生以具此种美德，故每至一地，于当地事，人无不乐告之。蔡先生因受西洋文化之影响，极喜音乐，以其能发人至感，且能收人生各部平均发达之效果。又倡以美术代宗教。有谓其反对宗教者，误也，不过蔡先生于宗教之误认处，不肯赞同耳。又蔡先生平时待人接物，大度包容，温厚可亲，但一遇重要大事，不肯丝毫改变其主张，所谓富贵不能淫，威武不能屈。总括以上所言，蔡先生所具者有三种精神而熔合于一炉：(1) 温良恭俭让，蔡先生具中国最好之精神；(2) 重美感，具希腊最好之精神；(3) 平民生活，及在他的眼中，个个都是好人，是蔡先生具希伯来最好之精神。此次五四运动所以能感动全国者，未始非此种精神于不知不觉间灌输于诸君脑海中之效果。故做事时，困难不成问题，危险不成问题；所患者，无此伟大之精神耳。讲到这里，我们要问一声，蔡先生这种精神，怎样得来的呢？是从学问中得来的。故诸君当以学问为莫大的任务。西洋文化先进国到今日之地位，系累世文化积聚而成，非旦夕可几。千百年来，经多少学问家累世不断的劳苦工作而始成今日之文化。故救国之要道，在从事增进文化之基础工作，而以自己的学问功夫为立脚点，此岂摇旗呐喊之运动所可几？当法之围困德国时，有德国学者费须德在围城中之大学讲演，而作致国民书曰：“增进德国之文化，以救德国。”国人行之，遂树普鲁士败法之基础。故救国当谋文化之增进，而负此增进文化之责者，惟有青年学生。昔人有诗云：“可怜年年压针线，为他人做嫁衣裳。”现在青年作救国运动，今日反对这个，明日反对那个，忙得不了，真似“可怜年年压针线，为他人补破衣裳”，终不是根本办法。吾人若真要救国，先要谋文化之增进。日日补破衣裳，东补西烂，有何益处？深望诸君，本自治之能力，研究学术，发挥一切，以期增高文化。又须养成强健之体魄，团结之精神，以备将来改良社会，创造文化，与负各种重大责任。总期造成一颗光明灿烂的宝星，照耀全国，照耀亚东，照耀世界，照耀千百年而无穷。

（本文根据八年七月二十六日，
上海《时事新报》新闻稿修改而成）

北京大学的近状致张东荪的信

东荪先生：你的来信，适之交我读了。我实在忙得不了，所以没有信给你。现在承你询问，我不得不抽出一点功夫，与你谈谈。我二十一日到北京以来，吃了不少的苦，好像以一个人投在蛛网里面，动一动就有蛛子从那屋角里跳出来咬你。唉！若无破釜沉舟的决心，早被吓退了。人人说市中有虎，我说我任凭虎吞了我就罢了；没有吞我以前，我不妨做些做人应该做的事。我记得王守仁有句话："东家老翁防虎患，虎夜入室衔其头；西家儿童不识虎，执策驱虎如驱牛。"我又记得《四书》里有句话："不忮不求，何用不臧?"我本了这个精神，向前奋斗；过了半月，诸事已有端倪。我对于校内校外帮我忙的人，终身感激他们——他们不是帮我的忙，是帮中华民国的忙。现在大学里面，教务、事务都积极进行，新生取了四百人，上海投考的结果亦已揭晓，取了九十一人。下半年的课程，已经起首安排。教职员方面，精神一致；都天天兴高彩烈的做事。你若来看一看，必以为大学这回并没有经过什么风潮。学生方面更不必说了，这班青年，个个是很可爱的。并不是说空话，我实在爱他们。他们对我说，此后他们要一心尽瘁学术，定要把这个北大成了中国的文化最高中心；这班青年的眼光，是很远的。我有一句话，要给在上海的诸位先生讲。北大学生是全体一个精神的，并没有分迎甲迎乙的派别。这番“小孩子打架”，是十几个可怜的青年闹出来的。内中有毕业生，有休业生，也有几个大学生。过种“小孩子打架”，本不足惊动中华民国的法庭，但既承法庭代学校训练学生，我们也只好服从法律。你知道法庭是独立的，这个意思我们大家要尊重的。但我希望这个问题早日解决；学潮方息，别要另生枝节。我心里对于在囹圄中的学生，十分抱歉。现在我心中耿耿不安的就是这事。从教育的眼光看来，教训青年的地方，是在山林花草、鸟鸣虫嘶的天然景内，不在臭虫、跳蚤的囹圄内。你想这句话对不对？我已面托教育部长传沼香先生在西山的地方为大学多觅些地，以备将来把北大迁到西山去，使青年日日在天然景内涵养其身心精神。傅部长允为竭力去做。我们意思最好请清室把圆明园送给北大，这园有四里阔，六里长，有山有泉，是最好的地方。你所抱的“新村”思想，在这个园附近建设好么？蔡先生对于大学百年大计，如能在这个地方来实行，真是中华民国的大幸了。我事很忙，今日星期，本来要休息；因为你有信来，我只好把我休息的时候牺牲了，来写这信。请你将这信给上海的几个朋友看看，省了我再写信。我就感谢你不尽。

（八年八月十日，上海《时事新报》）

北京大学开学演说词

（九年九月十一日）

今日趁开学的机会，我可以同我们全校的同学，晤聚一堂，实在非常的高兴。我觉得这个机会是很可宝贵的，因为我们平时虽也常同学生接触，但总只是一小部分。近来学校中都有一种通病，就是教员和学生除了课堂见面之外，毫无个人的接触，所以弄得好像不关痛痒的样子。这不但中国如此，就在外国也免不了。现在同诸君虽然不是个人的接触，却也是一个大聚会的好机会。我前天曾同校长谈过，打算下半年办一个校长与学生间的星期茶话会。每星期在第一院对面新租房子的本校教职员公会内，预备一点茶点，约定二三十位同学，同校长随便谈谈，可以彼此互通情愫。

还有关于社会方面的。我们现在不是天天讲新文化运动吗？那天在胡适之先生那儿谈天，他说现在的青年连一本好好的书都没有读，就飞叫乱跳地自以为做新文化运动，其实连文化都没有，更何从言新。这话实在说得非常的沉痛。所以我们此后，总要立定志向，切实读书。还有一层，就是物理、化学等等物质上的文化也应该同文字方面的文化并重。比方现在饥民这样的多，因为交通等等关系，赈济就这样的困难；有时传染病发生，也往往弄得手忙脚乱，死丧无算。这都是物质文化太不发达的弊病。我们不可不注意。

最后对于同学自治问题，也有点意见。我近来学生认识得不少，据各方面的闻见，觉得最可惜的就是学生会总没有好好的组织；开会时秩序亦不甚整齐。我们时常说国会、省会如何捣乱，其实像这样子，叫学生去办国会、省会，又何尝不会捣乱呢！所以开会时必须注重议会法才好。学生会章程，上半年已经订好，采取委员制，现在已经付印。希望新旧同学平心静气地讨论，确定以后就大家遵守。本校的特色，即在人人都抱个性主义。我常说，东西文明的不同，即在个性主义。比如希腊的文化，即以个性为基础，再加以社会的发达，方能造成今日的西方文明。孔子虽然也讲个人，但是相对的而非绝对的，讲起个人总是联说到家族和社会上去。所以真正的个人主义，就是以个人为中心，以谋社会的发达，并不是自私自利。西方近代文明之所以如此发达，就因个人与社会同时并重。譬如双马车，定要两匹马步骤和协，这车才能走得快利。我觉得北大这么大的一个学校，研究学问，注重品行的件件都有，就是缺少团体的生活。所以我希望大家，一方各谋个人的发达，一方也须兼谋团体的发达。从前严厉办学的时代，是“治而不自”，现在又成了杜威先生所说的“自而不治”，这都不好，我们要“治”同“自”双方并重才好。因为办学校用法律，决计不行的，只可以用感情化导，使得大家互以良好的情感相联络。这是我最后的希望。

北京大学全体大会演说辞

（九年九月十六日）

日前本校开大会，蔡校长的演说辞，本刊业已登载。兹将蒋先生演说中之有关于本校事务者，节录于后。

（上略）本校最困难之一问题，为校款不能按期领到。因经费不按时来，实行预算，甚为困难。移甲补乙，移乙补丙，把预算破坏了。譬如去年校中决定，拨图书、仪器费各二万元。仪器之费，颜先生把他先从会计课领来，所以今年我们学校里办了不少仪器，这是使我们满意的一件事。当时图书馆未曾即刻把款领来，以为存在校中，是万妥万当的。不料后来只领了几百元。这笔钱用到别的地方去了。诸位要知道，凡一个机关里四五个月领不到钱，有一文钱到手，就用了去。譬如电灯、电话、自来水，不能欠钱太多，欠了太多，电和水就不来了，电话也要叫不通了。还有其余的赊账，长久不付钱，下次就赊不动。这种钱，看了很少，在一个大机关里各部份拼拢来，就可观呢。本来购图书的钱，迫得不了时，就把他送到电灯、自来水公司，和木厂子、纸铺子里去。去年有一个建筑公司，我们欠他一笔巨款，屡次问我们来讨，我们因为没钱，只好搪塞过去。将到中秋节的时候，他们到我的家里来讨，每天来一次。到了中秋节，我就逃到西山去，不敢见他们。

同学最感痛苦的，就是寄宿舍不够。住在公寓里吃寓东的苦。这事我们早想到。但请拨公地请不到，购地一时无款，造房更没钱，所以迁延过去。现在我们还要极力想法。（下略）

北京大学开学词

（十二年九月十日）

今天同大家聚会一堂，行开学礼，本来是一件愉快的事情，所不好过的就是我们最敬爱的蔡先生不在此地。学校在这种政治的和经济的关系之下，竟能如期开学，是同人精神奋斗的结果。至于物质方面，可说是已到了山穷水尽的地步。恐怕诸君不甚详知，特地略为报告。政府里积欠了我们八个月的经费，计有五十余万，此外学校里还垫出了十七万余。两项共计七十余万，差不多一年的经费没有了，所以去年开学时我们说过要建筑大会堂和图书馆的计划都成了泡影。同人数月来终日奔走经费的事，忙得不了，几乎天天在街上跑。上次京师各法团保安会、京师治安维持会，和教育基金委员会，议决每月筹八十万元，五十万为军警费，三十万为教育费。请汇丰、汇理、正金、道胜四银行垫借。议定以后，即向使团接洽，英法日三使现尚在磋商中，此事能成与否，实难预料，不过我们尽我们的能力罢了。

现在蔡先生不在这里，同人等也略有一点计划，如经费有着，拟将经费划出一部份用在充实学术上的内容。购买图书要注重专门，请各系计划应购的书报杂志。这层做到，学术自能渐渐提高。并且教育方面，因为有了这样研究专门学术的便利机会，学问自然也就日新月异的提高起来。其余应当进行的事还很多，现在先就力所能及的先做起来。

此次还有几件小事可以报告。学校的行政部分向在第一院，从前有过谣传，说是外面对于我们有所误会的，将来放火焚毁。这虽是谣传，却十分重要，不可不注意。学校的会计机关、注册部，以及历来的重要文件，都在第一院，万一不慎，真不得了。现在外面的局势，弄到如此，难保以后外界对于我们的误会不再发生；所以为慎重起见，决定将行政各机关移到第二院去，庶几关防可以比较严密。今年新生投考的几及三千，学校里只取了一百六十余人。外面因为我们取得太少，有许多误会和责难。其实我们录取新生，标准为重，不甚拘守定额。不想近年各地中学毕业生，能合我们标准的，竟一年少似一年，这是现在教育界一个重大的问题。现在我们拟以表册报告各地中学，使他们知道，他们的学生有几分之几不及格，所欠缺的是那些功课，请他们注意改良。又此次检察体格加了检验粪便一项，结果知道扬子江以南的人，粪中有虫，广东最多，江浙次之，扬子江以北则有虫的很少。这是医学和卫生学上极有科学价值的一种报告。

总之，在现在这种情形之下，全靠我们大家共同奋斗，方可维持京师的教育，至少也要维持北大的生命，决不让他中断。

奥斯朋先生在北大讲演致词及结词

今日本校得奥斯朋先生亲来讲演，不胜荣幸。奥斯朋先生为著名的科学家。我们在这政治混乱之中，努力倡造新中国。他同他的朋友，在大沙漠中发明蒙古为世界动物发源地。这次的发明，是科学界的一个新贡献。他的事业成功了，我们希望我们的事业也成功。至于他的科学上的事业，我请李仲揆先生来介绍。

（李仲揆先生引讲。）

（奥斯朋先生讲演。）

我刚才听奥斯朋先生对于我们的忠告，不胜钦佩。科学的成绩是从辛苦艰难中得来的，要从运用心手耳目得来的。悬空虚想，不能亲身试验，决不能从事科学。奥斯朋先生经四十余年科学的预备，又得多数科学家的合作，才在蒙古寻获了几个古鸟的蛋。寻几个古鸟的“鸡子儿”是这样困难，何况建造一个新国家呢！我们经过十二年的功夫，拿了一枝笔，胡说八道的说了十二年的乱话，就想建立新国家，那有这样便宜的事！我们感谢奥斯朋先生，给我们这样的一个好教训。

北京大学二十三周年纪念日演说辞

今日是我们北京大学第二十三周的生辰；我们来到此地庆祝，可算是家庭中的庆祝，一堂都是自家人，也没有请外宾，全由本校的教职员及同学们自由发表意见，关于校务的进行，好着实的来改良。大庆祝当在二年后本校二十五周纪念时来举行。关于二十三年来本校的经过情形，已在今日的北大日刊上揭载——如校歌、国立北京大学略史、现行组织、图书馆、仪器室、学科课程、现时体育的组织、学生的生活和活动、出版品及修正旁听生的章程；所以在今天开会时，也无须我再来报告了。

我想关于庆祝，约略可分为二种：

（1）来庆祝我们过去的成绩。

（2）来庆祝我们将来的希望。

如果要说今天来庆祝我们过去的成绩，现在的成绩，可以说是没有，这是很觉惭愧的！我们今天所当庆祝者，是在将来的希望。因为盛名之下，其实难副，所以今天开会庆祝的目的，只好在将来的希望上了！

关于将来的希望，我以为有三件重要的事，很应当注意的，由这三件上着力，我们大家一齐的做去，等十年或二十年后，再开会时，我们就许可以庆祝过去的成绩了。这三件就是：

（1）当输入西洋的文化，用全力去注意他——这话虽是老生常谈，不过现在我们是要去实行。从前张之洞说："中学为体，西学为用"，总要体用兼备才对。现在我们却要把这句话反过来说了，当以"西学为体，中学为用"。这是我一个朋友说的话，真是有理。因为我们的国学须经过一番整理的工夫才行；整理国学，非用西洋的科学方法不可。所以第一步还是先要研究西学。况且现在应用的学问，大半须从西洋得来。以本校而论，想着实的来输入西方文化，先要改良图书馆，多买西籍，希望诸位同学，热习英德法……文，能直接看书，不至于有不懂和误解的地方。我们既都是自家人，也不妨老实的说：要是外国文太不好，无源之水，将来一定是要干涸的；能谙习了外国文，能多读外国的书籍，那么"宝藏兴焉"；无奈我们学校的诸同学，外国文的程度，虽然也有好的，但多数同学的外国文程度总有些儿不够！

（2）当整理国学——要是随随便便的，拿起中国的什么书籍来看，是没有什么用处的！我们如果有了学问，应当去做干嘉时代一般学者的工夫，以科学方法去研究的结果，来把国学整理一番，将来好出一部北大的"国学丛书"。现在商务印书馆，虽说出了一部"四部丛书"，其中善本虽不少，但未经今人用科学方法整理过的。我们若能够以科学方法研究出来的结果，出一部"国学丛书"，使将来一般的国民，领会了国学以科学方法来研究的好处，更能使将来的中学中或是一般国民，拿起一部“国学丛书”来，便可以知个国学的大概，用不着再要拿许多的书来读才知道，这不是求学的经济方法么？

（3）当注重自然科学——这是很重要的；现在文化运动基础不稳固，缺点就因为不注重自然科学。我们若想来使文化运动的基础稳固，便不得不注重他。西洋文化的所以如此发达者，就是因为他们的根基，打在自然的科学上；而且现在我们首当明白的，要晓得在中国十年或十五年后，必有一种科学大运动发生，将来必定有科学大兴的一日。所以无论是文科的、法科的、理科的诸同学们，凡关于天文地理……一类的自然科学上，都当着实的注意才好！在学校方面，要把经费节省下来，把理化的仪器室，特别的推广；好请一般的同学们和教职员诸君切实的去研究磋磨，使有最新式、最完全的试验室来实现，且不特我们去研究西洋已发明的科学，且要来发明新原理；这样的下去，庶几乎方有稳固的根底！等到四十周年或三十五周年时，有了显著的好成绩，也可以在世界上去讲，就不至于竟是挂一块招牌的了。等到那时候，我们当举行一个公开的大庆祝，因为已经有了许多的成绩在社会上了——不知我的话，诸君以为何如？

北京大学第二十五年成立纪念日的感言

本校今天是过第二十五诞辰的日子，本校已生存了二十四年，将占一世纪的四分之一了。这二十四年内，正是中国生活剧烈变迁的时代。他在北京首都城内，真所谓“饱经世故”！

出世不久，就遇着戊戌政变。继遇着“拳匪”变乱，管理本校之管学大臣许景澄，因极谏清廷，勿妄信拳匪，而处极刑。生徒分散，校舍封闭。又遇辛亥革命，清帝退位，袁氏称帝，张勋复辟。种种变故，本校均身历其境。以上变故，均是先一新动机，连接一反动。戊戌政变是新动机，拳匪变乱是反动。辛亥革命，是新动机；袁氏称帝，张勋复辟，是反动。世界进化，原来如此。“进化”从来没有一帆风顺的。

近几年来，学生运动，是新动机。现在又遇一反动，这反动就是教育破产。本校过第二十五生日的日子，刚遇着教育破产的时期。我们还要庆祝什么呢！我们不是庆祝这破产的反动。我们庆祝的，是这反动之后，“极而复反”，将来未来的，一个新动机。

这新动机是什么？这是我们的希望，因我们的希望而努力。希望什么？努力什么？这要我们全校师生的反省。今日是本校第二十五年的生日，是我们全体师生反省的日子。

北京大学第二十五年成立纪念日演说词

今天是本校二十五年的成立纪念日，过去的事实和未来的希望，已经校长和教务长讲过了。现在我所要讲的，就是希望要有好的“工具”。本校的设备，因经济关系，不甚完全，我们现在所要的“工具”，就是要一所好的大会堂，能容纳多数人在里边开会，不要再像这次临时搭起席棚子。

还要造一个图书馆，我们方有研究和创造学术的地方。不过现在经济困难，如何去办呢？总务长天天跑来跑去，还是跑不出钱来。又如要想建寄宿舍，必要先觅地基，地基有了，但是没有钱去买。在这种情形之下，实在觉得没有法子。

现在我们预备无论如何困难，自今年起至明年止，必定将图书馆造成。离此不远的地方，有一所房子，中央八十尺宽、六十尺长，将他盖成图书馆后，可容四百人同时在里边看书。

这种小的计划，预备在明年暑假前，一定要勉力办成，诸位暑假后回校，当有新的图书馆，可以看书。

为北大念五周年纪念事致学生干事会书

学生干事会并转全体同学诸君公鉴：昨阅日刊，见诸君对于本校念五周年纪念庆祝之筹备，组织周详，甚盛甚盛。窃思学校亦社会组织之一，师生之于学校，犹父母子弟之于家庭；爱校之心，人所共有；每逢纪念，欢忭可知。故学校执政方面亦曾于数年前拟议，对兹念五周纪念，特举行大庆祝。惟日月不殊，时事顿异，诚有非数年前今日所及料者！是本年之庆祝不可不就目前之情况，再为考虑。兹特条举数事，愿与诸君共审之：华会权利，前倡取消，临案护路，频频刺耳，外交险恶，于兹为甚。至内政不修，校长因而去国；今则不特清明之无望，而每况愈下，正不知伊于胡底！时局艰难，国将不国；前此国庆，吾人既不得尽情庆祝；对兹校庆，亦将何以为情？此当考虑者一。政府视教育如无物，经费积欠已九阅月，学校势将破产。机关之日常生活，尚虞不给；教职员勉力维持，已久苦枵腹；庆祝事项，在在需款，将从何出？此当考虑者二。学校之唯一生命在学术事业，近年经费困难，不特曩所拟议，如图书馆、大会堂等大建设，不能实现；即添购图书、仪器等一切关于同学修学方面之设备，均无从发展。故今年之大庆祝，理宜展缓。此当考虑者三。现在国立八校，以经费无着，势将关门；本校虽赖教职同人，困苦维持，而来日大艰，正自难言。故不特无举大庆祝之经济能力，实亦无庆祝之可言。不过每周纪念会，例当举行；本年应仍小做，限于校内，届时只放假一天。盖处此时艰，学校生命岌岌可危，吾人愈当利用光阴于学业上，而作事与欢腾，不妨留待异日。所有展览游艺，但以简而易举，无碍学业，不耗财力者为限。其中档案古物出版等展览，手续繁重，且系学校方面之事，应由各该管机关自行决定举办与否。所有缩小庆祝范围，实为情势所迫，愿诸同学共体斯意！至诸君爱校热诚，固麟之所深表同情也。耑此并颂学祺。

蒋梦麟

十一月二日

临别赠言

（民国十四年北大毕业同学录序）

本届毕业诸君和我同年到北京大学来的。那时正在五四运动的一年，我代蔡先生来到北京大学，办理校中各事，那年的入学试验，是我代蔡先生主持的，所以诸君毕业离校的时候，引起了我无限的感情，在此六年中，我们可算是患难之交了。在此期内于前四年中，学生罢学，教员罢教，闹了没一日安宁，诸君牺牲的光阴和学业真是不少。到了后二年中，我们方得安稳度日，教的教，学的学，还算过得去；但这两年中，政府欠发校款，竟积至十二个月以上，物质上的痛苦，真一言难尽。此后诸君毕业去了，我们留在学校的，不知还要受多少的苦痛。然而我们仍当本奋斗的精神，向前进行，望诸位到社会里去，也本着本校奋斗的精神，向前进行！

北大化学会成立大会演说辞

今天化学会开成立会，是很好的。我想现在无论研究何种学问，大家都有二种困难：一是精神上提不起，学生无大兴味；一是设备不完全，研究上不方便。有这二种困难，在学校在同学均觉得不易进行。然而有了团体，慢慢研究，就觉得有兴趣了。研究会有二种性质：一研究学理，一谋贡献于社会，以引起旁人的兴趣。我在中学时学化学，在实验室把药水自这个管子倒进那个管子，看见黄的绿的，觉得很好看，但当时不知化学的道理。有一天，先生说试验瓶里的轻气，如混杂着空气，被火烧着，是要炸的；我不相信，后来果然炸了。先生责我，我说没有燃火，瓶里轻气，自己爆发的。这当然是谎话。后来在美国，先生说科学与道德有关系。科学不说谎。如轻气和空气在瓶里，见火要炸，你不信，他就炸了，科学教你不要说谎。我国人多不知科学与人生之关系。口头上只知道说要科学，而头脑内却无科学。我看这是科学体魄已来，而科学精神未来。我希望诸君能把科学精神搬过来。美国有一工厂，于某处置废物一大堆，后来有人利用废物，制出物品，获利甚丰。学生们听说废物中可取得出东西来，于是大家都高兴去研究化学。这是就成绩言。有了成绩，可以提起兴味。

哲学系一九二八级友会演说词

据干事报告此会组织，我觉甚为完善。至于各种学会之设立，近已普遍欧美各大学。我在美国加利福尼亚大学读书时，哲学系教师中便有一个辩论会。每礼拜六开会一次，讨论各种问题，我常去旁听。当时所谓心理学还是属于哲学的。大学尚没有添设心理学系，心理学一门功课，仍附在哲学系中。此会对于心理问题时常辩论。记得有一次辩论松鼠食松子问题，有人主张此种天然能力乃上帝所赋，有人主张是生物竞争，适应环境之关系。又有一次一位先生讲伦理学，大排宗教。由是各报纸大哗，痛责学校中不应有此教授。又有一位教授主张心理学无论如何发达，总难超出宗教。以上是当时辩论之情形，然心理学在美国后渐发达。本校尚没有设哲学心理研究科，图书仪器亦不完备，研究上诸多不便。你们自动的组织学会，甚好。你们的精神，亦似与前不同。但愿以后不拘形式，共同努力去研究，将来必有发展之一日。今日所述，并非演说，不过随意谈话而已。

甲部预科二年级恳亲大会演说词

我和同学接触之机会，除在大会堂上，千百人一块儿，辨不清谁和谁之集会外，即为种种公事，如办公文、请津贴，等等；个人间非为公事而来之晤谈，几乎没有；即有，也只是泛泛地谈几句；所以今天这恳亲会，我非常高兴参加；但一进门，就看见先生坐一起，学生又是一起（当时会场布置系口字形，先生面东，同学则三面环坐着），似乎太正式了；最好混坐着，随便谈谈。我们校里有一个现象，就是学生间系和系分得太清了。教员与学生，也太少接谈的机会。我曾和顾先生谈过，想提议下半年你们入本科时，不称什么系，什么系；而改称那系为主，那系为辅；每系中请几个指导员，每员专任指导以该系为主之几个学生。学生对于自己的指导员，不问学问方面，即个人方面之种种疑难，也可以请他给一个“Advice”，如此，则师生接触机会较多，学生可多得指导之益，而情谊也自然浓厚了！研究之兴会，也自然增高了！我好久想开一个茶话大会，先生、同学在一块儿，可以随便谈谈，无奈为经费问题，整日的忙碌，终于没空。今天的会，甚合我的意思；所以我非常愿意参加，不过太正式（Formality）了！请于各教员演说后，师生合坐一起，随便谈谈，似尤亲热。

临别赠言

（民国十五年北大毕业同学录序）

青年时代，得有求学的机会，在中国现在的状况之下，是很不易的。诸位同学，在本校研究学问六年了，这六年中，政治的扰乱，学校的困难，一年增加一年。诸君所受的痛苦，实在不少，所虚耗的光阴，至少占了百分之二十，这是我们对于诸君很抱歉的地方。前途茫茫，此后学校的困难，不知要比从前增加多少呢！

诸君离学校而去了。在社会上立身的困难，恐怕比在学校里求学还要加甚。若非立志奋斗，则以前所受的教育，反足以增加人生的苦恼，或转为堕落的工具。这是诸君所当特别注意的。事业的成功，须经过长时间的辛苦艰难——成功的代价，走过了许多荆棘的路，方才能寻获康庄大道。立志是砍荆棘的斧斤，奋斗是劳力。万不可希望以最少的劳力，获最大的成功。

第八编

杂录

教育评论

《新教育》月刊创设之用意——同人等察国内之情形，世界之大势，深信民国八年，实为新时代之纪元。而欲求此新时代之发达，教育其基本也。爰集国中五大教育机关，组织新教育共进社。编辑丛书，月刊。盖欲在此新时代中，发健全进化之言论，播正当确凿之学说。当此世界鼎沸，思想革命之际，欲使国民知世界之大势，共同进行，一洗向日泄泄沓沓之习惯。以教育为方法，养成健全之个人，使国人能思，能言，能行，能担重大之责任。创造进化的社会，使国人能发达自由之精神，享受平等之机会。俾平民主义在亚东放奇光异彩，永久照耀世界而无疆。

教育与政治——吾国今日之教育界，有一种舆论，即但管教育，不谈政治是也。同人以为此说当有界限，若漫无限制，则非惟教育将不成教育，政治亦将不成政治。今日国中优秀分子，以教育事业较为清高，而投身其间者，颇不乏人。若此班优秀分子，绝不注意政治，将一任政客之摧残乎？教育家不关心政治，则学生亦将间接受其影响，将来政治之改良，将以何人负其责任乎？故同人以为政治一物，当分作两方面观。一曰政党与政事，教育界所不当涉足或干涉之。涉足政党，则政党之变迁，将影响乎学校。学校之破裂，可立而待。干涉政事，则阻碍行政，抛荒职务，均不可也。二曰政论，若剖明是非，主张正义，启发后生，养成平民政治之习惯等是也；操教育权者责无旁贷，弃而不顾，是弃其天职也。若夫抛荒学校职务，运动选举。口虽不谈政治，而实则贻祸教育，罪莫大焉。

今后之教育——世界大战告终，世界思想，必多所变迁。吾国今后立国，内必斟酌国情，外必观察大势，使国人之思想与世界之潮流一致进行。教育为立国根本，欲解决中国种种问题，教育其一重要方法也。故今后之教育，不惟为全国教育界所当注意，即政治、实业、经济界诸领袖亦当亟为研究。

去岁十月，全国教育会在江苏省教育会开第三次联合会，通过一议案，曰“今后教育之注重点”；主张发达平民主义，养成健全个人，促社会进化，注重科学、美感、体育、公民训练诸点，当为国人所共同赞成者也。教育部已将此议案批准，通饬全国。此案既经全国教育会联合会通过，复经国中最高教育行政机关布告，凡吾教育界中人，皆负有研究设施之责也。

各国退还赔款兴办教育之动机——吾国教育进行之缓，虽理由甚多，而教育经费之支拙，实一大原因也。自美国退还赔款，派遣留学以来，成效卓著。增进人类之文明，敦睦两国之邦交，为益甚大。1908 年 5 月 25 日，美总统罗斯福为退还赔款事，行文国会曰：“本国当尽其所能，助中国教育之进行。俾此幅员广袤，人民众多之国家，得适应世界之趋势，共求进化。助中国教育发达之一道，为奖励中国学生，来美留学，使受美国高等教育。吾国之教育家，务体此意，共同襄助。”

7月11日，美国驻北京公使通告中国政府，将中国庚子赔款除赔偿实在损失外，一概退还。计美金1165549269圆，并外加四厘息一并退还。查美国原得赔款计2444077881圆。1909年起，第一年退还43809490圆。逐年增加，至1940年（民国二十九年）告终。是年增至138378536圆。是美退还赔款之大概情形也（此后美国又有第二次退还赔款，吾国设中华教育文化基金董事会管理之）。据中外报纸传闻，英日两国亦有退还之议。此议若成，他国必见义勇为，相与继起。则中国将来教育发达，友邦之加惠多矣。兹将此后各国赔款之数列后：

英	10738992镑
葡	19570镑
英代理各国	31752镑
瑞典	13327镑
德	Marks 389169974马克
奥	Crone26357748克勒尼
比	Franc44998190佛郎
西班牙	717666佛郎
法	354915001佛郎
意	141167885佛郎
美	34566905金圆
日本	6923661镑
俄	27521393镑
荷兰	1986616弗乐林

各国统计每年应还本利总数，合中国银两如后：

1918年至1932年（民国七年至民国二十一年）每年计：24483800两。

1933年至1940年（民国二十二年至民国二十九年）每年

计：35350150 两。

教员与书籍——求知识之方法甚多，胡居仁曰："穷理非一端，所得非一处，或在读书上得之，或在讲论上得之，或在思处得之，或在行事上得之。读书上得之虽多，讲论上得之尤速；思处得之最深，行事上得之最实。"吾人强半之知识，得之于书籍，故虽有讲论、思处、行事所得之知识，若不读书，则见闻必狭。况谈论思想两者不能在虚无空洞间行之？故若无书籍为后援，则凿空蹈虚之弊，恐不能免。吾入教员室，见书籍稀少，于是知吾国教育界知识之欠缺，为教育前途抱无穷之隐忧。窃愿为人师者，每日规定时间，浏览群籍。学校执政者，划定经费，兴办学校藏书。于吾国教育之进行，为助不少也。

（八年二月，《新教育》）

教育与交通——教育不普及，则共和国家之前途甚为危险，此人人知之。欲求教育之普及，有一根本问题，须先解决者，即交通问题是也。美国治菲律宾，先修道路。盖道路不修，交通不便，知识无从传达。吾人闻诸书业中人曰，销书区域，多沿铁道、河道诸地，凡交通愈便者，销书愈多。知识与书籍有密切之关系，书籍之传布与知识之传布成为一正比例。凡一区域内，销书籍愈多，则其人民之知识愈广。不特此也，交通便利，则来往者多。来往者多，则见闻广。教育固非仅限于知识，然知识为教育之大部分。故欲教育之普及，非广筑铁道，多修道路不为功。近月以来，统一全国铁道之声，传布全国。一班舆论，于统一铁道政策，一致赞成。惟于国际公共管理一节，多数反对。吾人之意，以为主权必须保护，自无疑义，而于投资者之权利，亦不能完全不顾。终须详细讨论，双方得交互之利益，行政大权自我操之，事务上之管理，由彼协助之。并与以查账稽核之权，以示信实，外人当自视为整理中国铁道之信托人，一是当以中国之利益为前提，凡中国工程师及事务员，须得优先之机会。如此办法，双方有利。至于研究详细办法，非本月刊范围内事。惟略示大旨，唤起教育界诸君之注意耳。

总之，吾国教育之普遍发达，断赖交通之便利，而铁道又为交通之中枢。故吾人希望此统一铁道政策之成功。十年之内，使吾国重要干路成就，则中国之进步，必加速百倍焉。

城区之教育行政——现在省城与大府城之小学，多则十余处，少则五六处。每校有校长一，各自为政，不相统属。故一城之中，学校程度不一，教科程度不一，此急宜设法补救者也。吾人之意，以为一城之中，全数小学，须统属一机关之下；督促其进行，改进学科，使其程度日高。其办法：一城之中，须设一教育局；局长一人，为全城小学行政之长。局长以下，视学若干人，按期视察各校，以助校长之不及。又专科视察若干人，分国文、算术、历史、手工、图画等科。每科以一人专之，或一人兼任一二科。凡城中各校之某科，须归其一人专行视察，俾各科教师，得有指导人为之帮助，教科得借以改良。例如算术视察，每日依次轮视各校之算术教科，往讲堂听讲，凡教法不善，当于下课后指正之，并自己教授之，以为模范。为教员者，一方面教人，一方面受教，则改良教科之目的，得以达矣。

敢问教育界之新精神安在——吾国近年以来，教育界中人，都成了一种精神疲弊的样子，大家似乎有一种说不出来的苦衷。回想十五年前兴高彩烈的气象，全没有了。吾人苦心思索，以为有五个道理：（1）以前谓学堂一开，中国便强，至今尚无实现的结果，所以不知不觉的灰心了；（2）以前视教育为一种神通，玄妙不可思议，故人人都存一种好奇心。今日看来，亦不过如此，故热度渐减；（3）以前热心的人，后来都受了苦处，故大家持冷静态度起来；（4）生活程度渐高，吃饭的问题在背后赶来，大家应付不暇；（5）革命以后，教育界中能干的人，乘了机会，加入政治工作。有此五个道理，所以教育界中人都变成了精神疲弊的样子，把社会基本事业，视作无关痛痒。非矫厥弊，无以立国。然则将有何术以救之乎？

曰：养成教育界之新精神耳。其道奈何？一曰求世界之新知识。今之号称学者，或好古而沉于训诂，或好文而溺于古文词章；而于世界知识，视为无足轻重。夫以教育界自称领袖之人，其思想不外乎不论理的古籍，其眼光不出方十余尺的课堂，不知世界做什么事，若尔为学，安能奋发精神？二曰存高尚的观念。吾人观夫东洋诸哲，如孔子、墨子、孟子、文中、晦翁、象山、阳明者，何一不抱高尚的观念？西洋诸哲，如苏格拉底、裴斯泰洛齐、福禄培、斯宾塞者，亦何一不抱高尚的观念？观念在前，人告奋勇，教育之精神由此而出。若夫身居教育界，而但以物质的报酬为前提，则钱多者往，事难者退，是乃役于物者而已。三曰信仰。吾人作事之所以前往不屈者，以有信仰耳。信仰不坚，因事思迁。今日为之，明日疑之。教育事业尚得发达乎？故吾人当以“教育为确能造成人类之幸福”，为吾人之信仰。诸君欲为人类之领袖乎？在自已养成之而已。

人生在世，终日碌碌，究竟作什么？吾人一生对于社会进步，能尽一分力，方不愧为堂堂底一个人。

高等教育与思想及言论自由——文明之进步，赖自动的领导，赖高等教育之思想及言论自由以养成之。“大学学问自由”（Academic Freedom）之主张，已成欧美之先进国学问之大宪章。虽以德国军阀之横暴，而大学之中，自成一种自由国，而莫敢侵犯。他若英之牛津、剑桥；法之巴黎；美之哈佛、耶路，诸大学，莫不以保全学问自由，为神圣不可侵犯之事。吾国高等教育，近方萌芽，欲求将来学问之发达，亦非保其学问自由不可。三月四日上海《申报》，传来北京专电，载大学教授四人，因出版物被驱逐。一时惊闻四传，学界惶恐。吾人闻之，以教育部诸公之明哲，大学校长之重望，必竭其所能，保全学问自由之大宪章，以维教育独立之精神。后得京讯，果无其事，人心始安。兹特选录上海报纸对于此事之言论如下，盖亦可以窥舆论之一斑矣。

三月五日，《时事新报》曰：“……夫大学者，囊括大典，网罗众家之学府也（此系大学校长蔡先生之言）。凡任大学教员者，宜有思想自由、学说自由之权利。出版物者，发表思想学说之机关也。则大学之出版物，自不当受外界拘束。今以出版物之关系，而国立大学教员被驱逐，则思想自由何在？学说自由何在？以堂堂一国学术精华所萃之学府，无端遭此奇辱，吾不遑为……诸君惜，吾不禁为吾国学术前途危。愿全国学界，对于此事，速加以确实调查，而谋所以对付之法，毋使庄严神圣之教育机关，永被此暗无天日之虐待也。”

六日，该报对于此事又曰：“当此学说自由之时代，苟非实际上之动作，而纯为理论之讨究者，皆应有自由之权利。……”

五日，《中华新报》：“……夫大学为一国学术之府，教员皆圭璧自爱之士。而以一己之爱憎不同，遽下逐客之令，自民国建立以来，未有辱士若此之甚者也。……”

后得都中确讯，实无其事。《时事新报》以“大学教员无恙”为题评论曰：“……凡欲革新一代之思想学术，终不免有忤逆世俗之处。来日方长，挫折正未有艾。寄语以革新事业为己任者，勿以区区之恫喝而遂气沮也。”

记者曰，教育部为全国学府之中心，吾知必能为学问自由之保障者，必不容外力之干涉。苟因此而受他种势力之反对，则全国舆论，必为主正义者之后盾也。

（八年三月，《新教育》）

学术进步之好现象——自蔡孑民氏长北京大学以来，网罗国中新旧人物，主讲大学。新派竭力提倡思想文学之革新。旧派恐国学之沦亡，竭力以保存国粹为事。于是新旧两派作思想学术之竞争，而国立大学遂为此竞争之中心点。高屋建瓴，其势将弥漫全国，由黄河而长江，由长江而浙水、闽水、珠江，必将相继而起。昔欧洲文运复兴，肇自意大利古城。由意而德而法而英，卒至蔓延全欧，酿成十八世纪之大光明时代；而中古千年之漫漫长夜，若遇天笑而复光明，星星之火，竟至燎原。彼被动派之反抗，犹若扬风止火，适足以助其焰耳。

今日吾国之新潮，发轫于北京古城，犹文运复兴之发轫于意大利古城也。其弥漫全国之势，犹文运之澎湃全欧也。此岂非学术进步之好现象乎？

浙江之教育潮——两浙为姚江学派发源之地。姚江学派者，重人生而轻死书者也。今日吾国教育之大弊，在重死书而忘人生。此所以读书愈多而生命力愈薄；作茧自缚，识者忧之。兹闻浙中抱新思想者，将顺世界大势，国中新潮，倡教育潮月刊。南望浙水，滚滚钱塘之潮；北视首都，滔滔新学之势，令我生无限感情也。

教育调查会——教育部召集国中教育界领袖，组织教育调查会，调查教育重要问题。兹已组织调查股，提出问题，按时调查，以为教育革新之基本。并通过修改教育宗旨议案，陈请通布。观其“养成健全人格，发展共和精神”之语，诚适合世界大势，国中情形者也。

天津市学校调查会——医生之增进个人体力也，先察其肺量、目力、筋力、心跳速度等等，而后投以良剂。教育家之欲增进学校能率也，亦必先察其行政管理之如何，经费之源流，各科之教授，儿童之体格，而后下改良之方。美国纽约市，费美金十万之巨款，调查市中学校，作数万页之报告，全国城市之仿行者，不下数百处。兹天津南开中学校长张伯苓氏，以求我国学校之政良，非划定区域，用科学方法，实地调查不可。特约国中教育专家，商订办法，以天津市为下手调查之处。刻已预备一切，尽先举行。

江浙省教育会协进会——江浙两省为江南姊妹之邦。富庶同，气候同，人情风俗同。故两省教育会联合组织协进会，以求共同进行。两方已推定代表，沪杭轮流开会，协商两省教育进行办法。同人愿关外之奉吉江三省，及其他有密切关系之邻省，亦组织此种协进会以图教育上之联合进行也。

（八年四月，《新教育》）

胶州问题与教育权——当日本与德宣战时，曾宣言胶州将归还中国。欧战和平会议中，我国代表力争胶州，请求直接归还中国，数月前新闻传来，胶州将由英、美、法、意、日五国暂时管理，然后归还我国。国人闻之，颇为满意。不料数星期前，欧讯传来，和议草约中，规定将胶州归日本，国人大惧。北京学生，首发其难，结队游行，作示威运动。至曹汝霖家，群拟向曹诘问，何以与日本秘密订约，卖吾山东利权？曹氏遁逃，章宗祥被获，群众痛殴之，章重伤，曹氏宅不知何故失慎，国人称快。学生被补者二十余人。于是北京专门以上学校校长，齐向警厅保释。几番交涉，始得达目的。报章传闻，政府将处学生死刑，解散大学。全国恐怖，函电纷驰，群相救护。后京讯传来，始知传言失实。然大学校长，因此辞职。某部某派，利用机会，欲将北京全体学生之举动，加罪于北京大学。将新学势力，根本推倒。教育部本为闲散之部，政客素不注意，待学生事出，始知青年学生，手无寸铁，竟敢与赫赫大员宣战，若不将教育部拿在手中，用其全力扫除新学，则真理昌明，魔鬼将无立足之地。力主公道之傅总长，于是被逼出走，而某派某部，手舞足蹈，以为此后全国教育中枢，将为彼囊中之物。群小弄权，加祸于我山东圣地，犹以为未足，而必欲加祸于全国青年。同为中国人也，煮豆燃萁，问心忍乎不忍？人心未死，必有以报诸公断送圣地之鸿恩，摧残教育之大惠也。

教育新精神之利用——北京学生爱国热诚勃发后，全国学界，相继而起，振刷精神，与黑暗魔力作战。其成败虽未可逆料，而教育之新精神已于此时产生矣。此后教育界所当为者，厥为二事：(1) 如青年胜而魔鬼败，则当益自奋发，励志勤学，勇往直前。把中国社会、政治二者，从精神上基本的改造之。(2) 如魔鬼胜而青年败，则知中国尚为魔鬼世界，青年之能力，犹未足以抗之。一面当保护此新精神，勿使基本摧残。一面当讲学以厚青年之能力。战端既开，惟有扬旗鸣鼓，勇往直前而已。耶氏有言："但求真理，真理自放光明。"讲学以求真理，真理得而黑魔自去。根本救国之道，如是而已。

军国民主义与教育——世界之迷信军国民主义者，以此为强国之万应如意油、百病消散丸。弱国服之，即变成强国。然而万应如意油或竟不一应，百病消散丸或竟不能治一病。甚或因迷信一药，而忘延良医，卒致不可救药者。然则所谓良药者，适足以杀其身而已。军国民主义亦犹是也。夫强国之道，在乎强民，不在乎强兵，民不强而强兵，则兵必杀民。强民之道奈何？曰：养成健全的个人，创造进化的社会而已。个人健全，社会进化，立国之本也。具此二者而未尝讲军国民主义，其兵力足以称雄世界者，英美法是也。具此二者而复加以军国民主义，昔日之称雄世界者，德国是也。德国虽败，其民仍强，是则德国之根本，犹在民而不在兵也。吾人不察，徒知德国重军国民主义，殊不知德之文学、哲学、美术、科学，皆列世界领袖之群乎？吾国文学之陈腐，哲学之幼稚，美术之衰落，科学之无有，其有资格足以步武德国之军国民主义乎？即有之，吾人又何苦故蹈德国之覆辙耶？或曰：欧洲此次和平会议，争权夺利，强国自肥，弱国牺牲，刀头之血未干，正义之声已寂，子其何以解之乎？记者曰：此世界之政权，犹操于少数"老外交家"与夫"军阀派"之手故也。杜威博士曾谓记者曰："世界无领袖，彼操政权者不知社会之变迁，时势之先兆，故用其昔日之手段而欲解决今日之问题，世界之大难，犹未已也。"杜威夫人闻之曰："平民主义之希望，在无知识之选举人。"和会之不满人意，其罪不在平民主义，而在少数操政权之领袖。吾辈讲教育者，正当扬旗鸣鼓，竭力鼓吹平民主义，以图最后之胜利。教育事业，志在百世，稍受挫折，不足以动吾心也。社会之变迁，时势之先兆，惟先觉者觉之。

南方当急立大学——吾国之大，而足以号召全国之大学惟二：曰北京大学，曰北洋大学。北京大学设文理与法科，北洋大学设工科，分之为二，合之实一也。吾国教育虽幼稚，而据民国四年统计，全国学生已达四百万人有奇，其中中学生计七万人；仅一国立大学，其足以容纳之乎？且查全国学生数，黄河流域及以北诸省，仅一百六十万人，而长江流域及以南诸省，有二百三十五万人。以二百三十五万之区域，而无一大学，执政诸公，将何以自白于吾民乎？

鸣呼江浙两省省议会——民国之基础在地方自治，地方自治之最高机关，为省议会。是省议会之责任何等重大，位置何等尊严。乃当此全国扰攘之际，处全国领袖地位之江浙两省议会，不闻建一议以福吾国民，而江苏省议会，反作增加公费俸给以自肥之创举。仲尼曰："始作俑者其无后乎？"浙江议会，闻风继起，诚不愧为兄弟之邦！夺公款以肥私囊，廉耻道伤，于此已极；浙江公民不得已乃出抛掷冥镪之举动。彼为议员者，损议会之尊严，负国民之付托，清夜扪心，能无愧乎？

虽然，吾教育界亦不得辞其咎也。当省议会举行选举之际，买卖选举票之声，震荡耳鼓，教育界不出而纠正之于前，迨其罪恶已现，始责于后，毋乃太迟乎？为根本之计，此后教育界当于下届选举时，出而监察之；防患于未形之际，事较易而成功亦较多也。

（八年五月，《新教育》）

北京大学新组织

西谚云："旧壶不能盛新酒。"北京大学为新思潮发生地，既有新精神，不可不有新组织，犹有新酒，不可不造一新壶。

（1）选科制：北大内部更改，逐渐进行，已两年于兹；先援美国哈佛大学例，采选科制。往日之规定，四年功课，为学校所规定，不论学生性之所近与否，均须一律学习。犹如西谚所谓"强马饮水"。选科制准学生于性之所近，于规定范围内自由选择，愿饮水的马则饮水，愿吃草的马则吃草，人各随其个性而发展其学力，岂不甚善。东京帝国大学，现亦实行矣。兹本教授治校之宗旨，定新组织如下。

（2）组织四大部：北大内部组织现分四部。①评议会，司立法。②行政会议，司行政。③教务会议，司学术。④总务处，司事务。教务会议仿欧洲大学制。总务处仿美国市政制。评议会、行政会议两者，为北大所首倡。评议会与教务会议之会员，由教授互选，取德模克拉西之义也。行政会议及各委员会之会员，为校长所推举，经评议会通过，半采德模克拉西主义，半采效能主义。总务长及总务委员为校长所委任，纯采效能主义，盖学术重德模克拉西，事务则重效能也。

（3）诸系：大学各科分四组，计十八系。已有数课而尚未成系者计五系。现已实行者计十三系。将来添一门学科，多一系便可，不必设某科大学矣。

（4）各系主任：各系有一主任，由教授互选。现计已实行者十三系，有主任十三人，任期二年。十三主任合组教务会议，操全校学术之大政。

（5）教务处：教务处为教务会议所组织，各系主任互选教务长一人，长全校之学术，任期一年。

（6）评议会：评议会会员由全体教授互举，约每五人中举一人。现有教授八十余人（讲师、助教百五十余人不在内），举评议员十七人。校长为评议长。凡校中章程规律，均须经评议会通过。

（7）行政会议：由十一个委员会委员长（临时委员会不在内），及教务长、总务长组织之。校长为当然议长。会员资格，以教授为限。行政会议，操全校行政之权。

（8）各委员会：由校长推举，评议会通过，操一部分行政之权：一，庶务委员会，操校舍、杂务、斋务、卫生之行政。二，组织委员会，主管大学改组、整理、起草章程、修改规律等事项。此次改组由该委员会起草者也。三，学生自治委员会，接洽学生自治事项。有学生代表三人。四，出版委员会，审查出版书籍，并策画出版之行政。五，预算委员会，制造大学预算。六，审计委员会，审查大学账目。七，图书委员会，操图书馆之行政。八，仪器委员会，操仪器室之行政。九，聘任委员会，审查各方面荐来教职员之资格。十，入学考试委员会，定入学考试之标准。十一，新生指导委员会，为新生入学时之顾问。

（9）总务处：由校长委任之总务委员会组织之。其中一人，由校长委任为总务长，操全校事务之权。总务处分校舍、杂务等十三课。其组织，合数课为一部，以总务委员掌之，曰某部主任。现合校舍、杂务、斋务、卫生四课，曰庶务部。庶务主任掌之。合介绍、询问、注册、编志四课为一部，曰注册部。注册主任掌之。出版自立一部，出版主任掌之。文牍、会计两课，直隶于总务长。图书自立一部，图书主任掌之。仪器自立一部，仪器主任掌之。各员合之称总务委员，公决事务之进行，总务长执行之。分之为各部主任，执行一部之事务。

（九年二月二十三日，上海《申报》）

说明北京高师事件经过之事实致陈宝泉先生书

筱庄先生大鉴，敬启者：顷读先生辞北高校长职后之宣言，谓先生之辞职，首因北大不肯与高师联络；又高师毕业同学某某五君之通启，谓先生主张高师与大学能联络不能合并；学生诸君上本校教职员书及致严范老诸公之通电；谓先生之辞职，为某教育会某学阀之欲吞噬高师，及某系之逼迫而然；而传闻竟有谓江苏省教育会欲并吞北高，而麟主其谋者，在学生诸君之通电所言某教育会某学阀不知系何所指？姑置勿论。而总括以上言论，或形诸笔墨，或布诸口舌，似以麟代表江苏省教育会，又代表北大，逼先生辞职而并吞北高，因欲府狱于麟者。事迹之离奇，诚百索而莫解。今略举经过之事实，质之于先生，为时不过数星期，想先生犹能记忆也。

高师归并北大之议，事实上曾有之，毋庸讳言。然而倡此议者为先生而非麟，先生曾记忆当先生向教育部表示辞职后之某日，北京专门以上校长公谒范总长后，先生邀麟至镒昌饭店吃茶之时乎？彼时先生曾将北大与高师合并之议商诸麟，并嘱麟为转达范总长。谈约半小时之久。别后，麟以此事关系部定学制，并北大组织，况蔡先生赴湘未回，更未便负此重责。故次日见范总长时，未将此事提及，数日后赴部，范总长谓麟曰："筱庄对我谈及，欲将高师归并北大，此事部里办不到。"麟答曰："蔡先生即将赴法，即使部里办得到，我个人恐怕负不起这种重任，现在北大一校，事务已极繁重，若再加以高师，精力不够。"此事遂作罢论。是麟对于先生提出北高归并北大之议，初即居于反对地位也。

越数日，蔡先生自湘回京，先生复提此议。麟谓："先生之意虽好，但蔡先生赴法后，我个人精力兼顾不到，可待蔡先生归国后再商。"后一二日，蔡先生谓麟曰："归并之议，我亦不赞成。但筱庄说现在只要联络，不要归并，此事我们终要帮他的忙。"是此时先生始改合并之议为联络。麟当时犹持异议，谓："联络如何方法，须详细讨论，但蔡先生去后，使我支持北大，已非容易，若再要我兼顾高师，实觉太困难。"蔡先生终持"我们总要帮忙"之议，是麟于先生改合并为联络之后，犹未表赞成也。

后范总长电话招蔡先生与先生及麟到部谈话，先生力持高师不能独立之说，引加伦比亚大学之教育院为先例。彼时麟曾谓："以高师校长而谓高师不能独立，则其不能独立可知，不过麟个人实以精力不能兼顾，所以不能赞成。"（当时先生并提出联络办法数条）而蔡先生仍本帮忙之旨，谓："此事我们须商量一个办法。"我说："我们北大可以开评议会讨论。"先生说："此事须秘密。"蔡先生说："那么我们请几位同事谈一谈，不要开评议会了。"

次晨，遂招数同事商量。麟屡说：“我精力顾不到，此事还要待蔡先生回来后再办。”蔡先生总说：“筱庄既然定要与我们联络，现在不能不帮他的忙。”于是大家商量联络办法，讨论结果，以两校性质不同、办法不同，不易联络，只有参考科伦比亚大学办法，由北京大学先办一教育院，北京高师学生毕业后，可人教育院三年级，补习不足科目，及自由选修大学各系科目，两年毕业，授予教育学士学位，以此意为根据，拟定办法数条，即由麟电话通知范总长。范总长电招先生与麟到部。麟将条件与组织表先请范总长阅看，范总长说：“待筱庄来商量。”约数十分钟，先生到部，麟将条件与组织表交先生阅看，问先生意见如何，并谓“此议不过我们对于先生要求帮忙提出之意见，去取或应如何修改，还请先生决定”。先生阅后略有所问，连说：“那很好”。是北大提出之办法，系应先生之请求，而复经先生之赞同也。

越数日，麟与先生及范总长会于部中，复问先生，先生仍谓提出条件，甚为妥洽。范总长才说：“就是照了这样做去吧。”并嘱麟速由北大呈部，请办教育院；又私谓麟曰：“筱庄辞职不知多少次，现在实在急得不了，办不下去；我看他十分为难，你赶紧预备呈文罢。”此十九日星期五下午五时也。继因先生亟于求去，于是部中遂有先派校长之议。范总长征求先生同意，先生答曰：“甚善。”是新校长之派定，固先征先生之同意，而复经先生之赞同也。

此时陶孟和先生适往天津，范总长嘱麟劝驾。麟以先生曾有函致麟，谓陶君继长师校，以各方面观之最为妥洽，故星期日陶先生回京，麟衔命往劝。陶先生说：“我不行的，还是让我教书罢。我在天津与严范老商议，范老也不赞成。”我说：

“我们大学里确是不愿你去；你去，我办事更苦了。但筱庄实在为难得很，请你帮帮他的忙罢。且筱庄给我来信，也说从各方面看来，你最为妥善。”当时麟即以先生来信示陶先生，陶先生尚犹豫未决，复经旁人力劝，始勉强允许。二十二日星期一下午五时许，当部令未发表以前，范总长尚征求先生同意，先生赞成，于是部令始下。是部令任陶孟和君为校长，先生亦参与而赞同者也。

此事经过之实在情形，大略如是，至先生辞职之真因，先生自知之，外人毋庸代赘一语。但合并之议，实先生倡之于前；北大提议，亦先生要求所得；新校长之委任，先生复参与其间；此事经三面再四磋商，其议始定。先生始终主持其间，并始终主张秘密；故外间于此事多不明真相。

以上情形，麟据直以书，语语可负责任；其他牵涉某教育会某系之谈，究竟有何种用意，非麟所知。麟素性戆直，既有所闻，不能隐而不宣。麟于此事始则完全反对，继则勉强参预，事实如此，而指为吞噬北高之人；然则先生之创议于前，坚请于后，为此事之主动者，不知又将得何罪名！

麟于此事之关系，事实上系代表北大，就先生所请求各节，与先生商定办法。且先生之辞职在前，先生之主张与北大合并联络在后；麟之秉承范总长、蔡校长与先生商定办法又在后。而外间不根之谈，谓麟为逼先生辞职，不论其根据之事实何在，时间顺序亦完全倒置，此则悠悠之口可以置之；而先生复自称其去职，为因于北大之不肯与北高联络，抑何违于事实而乱其因果？此则麟有所疑而愿以质之先生者。先生之所以首创合并，继求联络，其用意究竟若何？麟既未深求于前，亦未敢悬揣于后。惟事实之真相，麟为预闻之一人，不敢以意变乱，既有集矢于麟之人，自不能任其颠倒黑白，不加辨正，愿公布事实，藉明真相。专此布达，敬请台安。

蒋梦麟拜启

九年十一月三十日

北大之精神

本校屡经风潮，至今犹能巍然独存，决非偶然之事。这几年来，我们全校一致的奋斗，已不止一次了。当在奋斗的时候，危险万状，本校命运有朝不保夕之势；到底每一次的奋斗，本校终得胜利，这是什么缘故呢？

第一，本校具有大度包容的精神。俗语说"宰相肚里好撑船"，这是说一个人能容，才可以做总握万机的宰相。若是气度狭窄，容不了各种的人，就不配当这样的大位。凡历史上雍容有度的名相，无论经过何种的大难，未有不能巍然独存的。千百年后，反对者，讥议者的遗骨已经过变成灰土；而名相的声誉犹照耀千古，"时愈久而名愈彰"。

个人如此，机关亦如此。凡一个机关只能容一派的人，或一种的思想的，到底必因环境变迁而死。即使苟延残喘，窄而陋的学术机关，于社会决无甚贡献。虽不死，犹和死了的一般。

本校自蔡先主[1]长校以来，七八年间这个"容"字，已在

---

[1] "主"，疑为"生"。——编者注

本校的肥土之中，根深蒂固了。故本校内各派别均能互相容受。平时于讲堂之内，会议席之上，作剧烈的辨驳和争论，一到患难的时候，便共力合作。这是已屡经试验的了。

但容量无止境，我们当继续不断的向“容”字一方面努力。“宰相肚里好撑船”，本校肚“里”要好驶飞艇才好！

第二，本校具有思想自由的精神。人类有一个弱点，就是对于思想自由，发露他是一个小胆鬼。思想些许越出本身日常习惯范围以外，一般人们恐慌起来，好像不会撑船的人，越了平时习惯的途径一样。但这个思想上的小胆鬼，被本校渐渐儿的压服了。本校是不怕越出人类本身日常习惯范围以外去运用思想的。虽然我们自己有时还觉得有许多束缚，而一般社会已送了我们一个洪水猛兽的徽号。

本校里面，各种思想能自由发展，不受一种统一思想所压迫，故各种思想虽平时互相岐异，到了有某种思想受外部压迫时，就共同来御外侮。引外力以排除异己，是本校所不为的。故本校虽处恶劣政治环境之内，尚能安然无恙。

我们有了这两种的特点，因此而产生两种缺点。能容则择宽而纪律弛。思想自由，则个性发达而群治弛。故此后本校当于相当范围以内，整饬纪律，发展群治，以补本校之不足。

（十二年十二月十七日）